關係決定命運

別讓不好意思交際害了你

——陳進成◎著

原書名：讀故事，學交際

出版緣起

我們為什麼要出版這套叢書？

樂果文化事業有限公司發行人 賴秀珍

作為出版人，我們能做的，就是用智慧和圖書產品回報社會。

至於這一套叢書，緣起很簡單。

市面上的很多書籍，作者不是專家就是大師；普羅大眾之所以買這些人的帳，是因為大家在學校的時候已經讀慣了教科書，就算出了社會，放下了教科書，卻仍然沒有擺脫教科書式的思維方式，所以我們會不由自主迷信理論和教條；而大部分學院式的書籍寫作方式，很容易淪為紙上談兵，無法解決實質問題。

於是，我一直有個想法，希望透過簡單易懂的方式，策劃一套關於創新、行銷、交際、談判等多個領域的專業理論入門書。

二〇一二年春天，我在日本考察結束後回到台北，機緣巧合遇到了林文集先生，偶然聊到了我想出版一套這樣的書籍。沒想到林文集先生的想法竟然與我不謀而合，於是，他成為這套書籍的第一個作者，開始撰寫《關係決定命運》。

為什麼「關係決定命運」？不妨用林文集先生的一個故事回答這個疑問。

在某一次訓練課，我給學員出了一個題目：「成功之道」。

勤奮？堅持？進取心？學員們大談特談，但能給人留下深刻印象的卻不多；其中一位學員上台之後，講了一個故事。

「我有兩個同學，心志都很高。其中一個，剛畢業的時候很高調，宣稱絕對不從低層做起；結果十五年之後，他還停留在低級職位上。至於另一位同學，剛畢業就從最基層的職位開始做起，並隨時留意是否有更好的機會；後來，他到了紐約和別人一起開公司做承包生意，成了有名的商人。」

這個故事引起了學員的熱烈討論，直到下課鈴響，所有人都還依依不捨的待在位子上。

這就是故事的魔力。在聽故事的過程中，一般人很容易就能了解重點，更重要的是，用說故事的方式，更容易吸引聽眾的興趣。

當然，這套叢書依舊面臨一個很大的問題。

在作者的遴選上，我從一開始就進行了嚴格的把關：不僅要有好的文筆和深厚的知識素養，還要有豐富的實戰經驗……

可想而知，合適的作者該有多難找了。

這個難題在李錫東先生到來之後，便迎刃而解了。

安靜中蘊含著智慧，微笑中隱藏著惡作劇意味，彷彿一個萬聖節不給他糖果就會裝鬼嚇人的老男孩——這就是李錫東，自由、傑出、特立獨行的文化創意工作者和圖書出版人。

這套書的其他作者，就是彷彿魔術師一樣的李錫東先生一個一個變出來的，在他的引薦之下，我結識了陳進成先生和王崑池先生等各行業的精英，這套書的出版計畫，也變得越來越充實與飽滿。

媒體人是最喜歡創新的人，他們每一個突然浮出腦海的奇思怪想，都具有某種神祕的魔力，讓人忍不住沉迷其中。

對於這個說法，我深表贊同。

創作團隊有了這些能人的加入，使我對這套書的前景信心滿滿。
我保證，這套書會讓你想要一本接一本讀下去。
最後，深深感謝為本套書付出努力的所有同仁和朋友們。

推薦序

練就好交際，成就好人生

蔡志榮

社會，是一群人的組合。勾心鬥角、爾虞我詐，並不能讓你獲得真正恆久的合作關係，只有真心誠意，廣結善緣，妥善經營人際關係，才是人生的成功致勝之道。

《關係決定命運》這本書，在充分展現交際知識與技巧的基礎上，以深入淺出的小故事闡述了練就卓越交際的基本要領，告訴你如何建立起良善的人際關係，讓你不再視交際為畏途，取而代之的是朝氣蓬勃的生活態度與方法，有了正確的態度之後，再困難的人際關係障礙，都能迎刃而解。

當你跨出了第一步人際關係，自然而然，你的態度就會充滿自信與沉穩，隨之而來的廣大人脈與無窮商機也將就此展開。

交際，是人際溝通的橋樑，是待人處世的藝術，是開啟成功之門的鑰匙；交際越廣，人生就越幸福。

人生如大海，處處有風浪，擅於交際的人，潛入人群的大海中，就好像魚進入了水裡，逍遙自在，甚至好像蛟龍入海，能夠號召水族，翻江倒海。

交際，無疑是魅力的汲井，能增加你的吸引力，使你成為一個廣受歡迎，甚至具有群眾魅力的人。

通過交際在職場、推銷、談判、交友各方面中的種種實際運用，你就能理解做人處事的藝術，練就高超的交際能力，為人生的成功鋪開金光大道。

說話到位，事半功倍；練就好交際，成就好人生。

（筆者為美商格瑞夫投資管理有限公司亞太區總裁）

交際是人生的必修課

洪健樺

隨著社會的進步和文明的發展，現代人的社會交往日益頻繁，交際應酬，已經成了人們生活中不可或缺的內容。

懂得交際，會替你的人際交往增添一抹亮色；學會交際，會讓你的生活更加幸福快樂。交際，是學問，也是藝術。通過交際，人們不僅可以互通訊息，資源共享，還可以溝通心靈，建立人脈，逐步邁向成功。

《關係決定命運》這本書，以大量易懂的小故事，循序漸進向你詳細講述了日常工作、學習、生活、交往中應該注意的方方面面，以明快流暢的文字、深入細致的分析，向你傳授成功交際的秘訣，讓你輕鬆領略交際的技巧和策略，將交際的內涵不斷延伸，在現代生活的鋼鐵叢林中生存與取勝。

如果你正處在人生低谷，在寒冬裡尋求成功之路，你會需要這本書。

如果你正處在事業高峰，在春風中憧憬人生之巔，你更需要這本書。

如果你想要取得立足之地，擁有一片自己的天空，絕對無法離開人與人之間的交往。

卡內基說：「專業知識在一個人成功中的作用只佔15%，其餘的85%則取決於人際關係。」

所謂的人際關係，也就是會說話。話說得滴水不漏，事做得天衣無縫，只有這樣，才算是把握了成功交際的真諦。

如何才能掌握交際的藝術？答案盡在這本書裡。

（筆者為國巨股份有限公司前法務長）

作者序

成功贏在交際

陳進成

在現代生活中，為了生存，我們必然要與別人建立聯繫，相互交流，形成各種各樣的群體，產生不同的行為，進而也就建立了各種人際關係。

在談論人際交往的重要性之前，我們先來讀一篇寓言故事。

有一天，青蛙遇見了蜘蛛，忍不住大吐苦水。

「我這輩子每天都忙忙碌碌地工作，卻只能勉強填飽肚子；如今我年老力衰，本領大不如前，遲早會餓死的……而你，整日養尊處優，不用勞動就能豐衣足食，即使老了也不愁吃喝，只要將網張開，美味佳餚就會送上門來……我真羨慕你啊！」

蜘蛛回答：「親愛的青蛙兄弟，當初我也是千辛萬苦才織成了今天的網，即使是現在，我也得隨時修復蛛網的破洞。我之所以老有所依，是因為我靠著蛛網生活；如果我也像你一樣每天來回奔波，說不定會比你悽慘百倍。」

你想當青蛙還是蜘蛛？

答案不言而喻。

不幸的是，如果你沒有織出一張屬於自己的人際關係網，你就只能當一隻每天靠著雙腿奔波的青蛙。

有位哲人說過：「沒有交際能力的人，就像陸地上的船，永遠到不了人生的大海。」

生活，就是與人相處；相處好，生活就好。

曾經有統計資料表明，良好的人際關係，可以使工作成功率與個人幸福達成率在八成以上；良好的人際關係，是一個人心理、健康、工作、生活具有幸福感的重要條件之一。

如果你擁有良好的交際能力和高超的處世技巧，就擁有了開啟成功之門的金鑰匙，正如成功學大師戴爾·卡內基所言：

專業知識在一個人成功中的作用只占十五％；其餘的八十五％取決於人際關係。

遺憾的是，現實中被人際關係所困擾的人實在太多了。

他們渴望與別人建立和諧融洽的人際關係，卻往往不得要領，甚至時常碰釘子，因而鬱鬱寡歡，生活也常常因此失去了光彩和意義。

這也是我之所以寫這本書的原因。

在職場中打滾多年，風風雨雨一路走來，我不得不說，不管公司大小，不管公司是什麼類型，一定都有著各種不同類型的人；當「人」的後面加上了「們」，當Person變成了People，人與人之間就出現了各種不同的活動與聯繫，然後產生了各種不同原因、不同方式的摩擦與紛爭。

無論是什麼公司，都不可能沒有人——沒有人的公司那是販賣機，就算是販賣機，也得每天面對各種拿著硬幣來買飲料零食的人。

有的人在販賣機前猶豫不決；有的人習慣大力拍打按鈕，有的人被吃錢會怒罵出聲，甚至拳打腳踢……

諸君，這就是人，各種不同的人。

各種不同的人待在一起，就一定會有交集，然後產生了交際；這是最基本的，不可能避免的事情。

如果連最基本的東西都做不好，後面的什麼都不用說了。

好好做人，把人做好；然後才能好好做事，把事做好。

與諸君共勉之。

CONTENTS
目錄

【出版緣起】我們為什麼要出版這套叢書？ 002
【推薦序】練就好交際，成就好人生 006
【作者序】成功贏在交際 010

CHAPTER 1

個人品牌建立就是交際的起點

建立個人品牌是二十一世紀新工作的生存法則。
建立你的個人品牌，就是贏在起跑點。

❶ 個人品牌由魅力出發 022
❷ 自信是交際成功的第一步 029
❸ 好形象決定好前途 036

❹ 喬・吉拉德的名片行銷學 043
❺ 抓住黃金四分鐘 045

CHAPTER 2

公關女王不會告訴你的人脈筆記

公關女王的人脈筆記：上有達官貴人，下有平民百姓……潛在的人脈無形資產，讓你做什麼都有人幫。

❶ 成功在於你認識誰 052
❷ 人脈就是財富存摺 057
❸ 人脈決定競爭力 061
❹ 夥伴關係成就好前途 066
❺ 超級人脈網的織手 070
❻ 聰明擇友受益無窮 075

❼ 患難之交的價值 079
❽ 這樣交往就對了 083
❾ 找尋生命中的貴人 087
❿ 不要透支人脈資源 091

CHAPTER 3

高效溝通成就加倍奉還

高效率的溝通讓你在短時間內贏得信任，找到與人際互動的最短距離，溝通對了，人際關係自會加倍奉還。

❶ 微笑是最簡單有效的溝通 098
❷ 讚美是交際利器 104
❸ 抓對溝通的頻道 109
❹ 擺脫無謂的爭辯 113

❺ 忠言可以不逆耳 118
❻ 傾聽是最有價值的小金人 122
❼ 透視身體密碼 129
❽ 記住名字成就好人緣 132
❾ 準確把握交際中的自尊彈性 137
❿ 以退為進適當妥協 141

CHAPTER 4

動腦不動氣 EQ打造黃金人生

EQ決定了人生IQ，換環境不如換腦袋。
活絡你的腦部思維，開拓人生新視界，全世界都會聽你的。

❶ 成功經營跨文化關係 146
❷ 身段造就好人緣 149

❸ 距離產生美感 152
❹ 笑到最後終成贏家 157
❺ 世界終是公平的 162
❻ 面子是留給別人的 166
❼ 懂變通就有活路 169
❽ 小心背後樹敵 172
❾ 人際中的適時施恩 176
❿ 大和解咖啡的配方 180

CHAPTER 5

聰明玩轉職場

職場就像一盤棋，四面楚歌，險象環生。一不留意就變成棄卒。
唯有透視職場潛規則，鋪排心計，才能聰明玩轉職場。

❶ 識時務者占盡先機 188
❷ 細膩見涵養 192
❸ 對手永遠是可敬的 197
❹ 搞定直屬上司 201
❺ 關心送到心坎裡 207
❻ 棒子與胡蘿蔔 210
❼ 抱怨處理馬上做 212
❽ 透析職務設計也是人際課題 215

❾學習與敵共舞 218
❿化解職場冷暴力 222

CHAPTER 6 幸福人際關鍵字

讓人際交往更幸福的關鍵字就是「自我管理」。
自我人生管理好，人際就是彩色的；自我人生管理不好，人際就是黑白的。

❶許自己一個誠信人生 228
❷你用什麼器量給人 232
❸平等互利是王道 238
❹人際交往的保密原則 242
❺真誠是最好的橋樑 246

CHAPTER 1

個人品牌建立
就是交際的起點

建立個人品牌是二十一世紀新工作的生存法則。
個人品牌的價值，就是你能力的價值，也是交際能力的第一步。
建立你的個人品牌，就是贏在起跑點。

1 個人品牌由魅力出發

魅力是一種能使人開顏、消怒，並且悅人和迷人的神祕品質。它不像水龍頭那樣隨開隨關，突然迸發；它像根絲，巧妙編織在性格裡，閃閃發光，光明燦爛，經久不滅。

——西維亞•普拉斯

新學期的第一天，大家都聚在報到大廳裡，其中有兩個女孩非常惹人關注，不但衣著打扮極其怪異，而且坐在椅子上把腿蹺得高高的，大聲談笑，旁若無人，旁人紛紛側目而視。

這時候，進來一位女教師，她身穿藍色長裙，頭髮綰成一個漂亮的髮髻，戴著眼鏡，一副溫文爾雅的樣子。

女教師緩緩走到大聲喧譁的兩個女孩面前，輕輕拍了拍她們的腿，微笑著說：「漂亮妹妹，把腿放下來好嗎？」

奇怪的是，看上去很跋扈的兩個女生，竟然聽話地把腿放了下來，規規矩矩地坐好。

─交際指南─

故事裡的安妮老師並沒有疾言厲色，而是透過溫柔的語言將問題化解。兵法上說「兵不血刃」，指的是不經戰鬥就取得了勝利，這是一種高境界和高智慧使然。

為什麼安妮老師在處理這件事情上會取得如此的效果呢？

仔細分析一下，我們不難發現，她靠的也是這種智慧，但這種智慧多半是憑藉著自身的個人魅力。

在中文裡，魅力一詞被解釋為「一種能吸引人的力量」。在古漢語中，「魅」是傳說裡的魔怪精靈，出沒於荒涼無人之境，具有神祕的傳奇意味。耐人尋味的是，在英語中，與「魅力」相關的三個詞彙也都與「魔怪」有關：Charm意為「魅力」，同時又有「魔力」的意思，還可作為「魅惑」解；Enchantment意為「魅力」和「妖術」；Glamour同樣也是「魅力」，兼有「迷惑」的意思。可見，「魅力」隱含著一種超自然的神奇感，詞義很可能是由神祕的魔力、魔法引申而來的。

人是一種感情動物，而感情，則是衡量人與人心理距離的一把尺；感情好，心理距離必然小，形同陌路的人也可以變成手足兄弟；感情不好，親兄弟也會反目成仇。

關係靠感情來維繫，那感情靠什麼來維繫？魅力。

一個人的魅力，猶如一塊磁石，總會有一個吸引對方的強大磁場，讓別人認可他。所以說，提升個人魅力就意味著提升個人的競爭力，對一個人的人際關係和職業發展非常有幫助。一般來說，重視自身魅力的人，也更重視人際關係的協調和配合。

魅力是由內而外散發出來的吸引人的氣質，想讓自己魅力四射，不妨從以下方面來入手。

1.專注、認真、禮數、創意、才情、體貼、情緒管理……甚至是基本的微笑，都是衡量一個人魅力指數的重要因素。

2.坦誠的目光，真誠的笑容，積極的態度，優雅的穿著，認真傾聽，是提升個人魅力，改善人際關係的技巧。

3.在與別人交談時，自然地注視對方的眼睛，會令人感覺有禮貌和真誠，尤其是握手時，更應該直視對方的眼睛，與對方眼神交流。

4.國外有一句處世格言：「一個人的微笑價值百萬。」這話一點也不誇張。微笑讓別人在與你交往時感覺舒暢，這正是有魅力的人的交際絕招。

5.在與別人交談時，盡量避免消極的東西。認真地關注並傾聽他人，令對方感覺良好。綜合運用這些技巧，你會發現，自己變成了人群中熠熠生輝的那個人。

小測試

人際交往中，你是哪種人？

請對下列問題做出「是」或「否」的選擇。

1. 碰到熟人時我會主動打招呼。
2. 我常主動寫信給友人表達思念。
3. 旅行時我常與不相識的人閒談。
4. 有朋友來訪我從心裡感到高興。
5. 沒有朋友引見，我很少主動與陌生人談話。
6. 我喜歡在群體中發表自己的見解。
7. 我同情弱者。
8. 我喜歡給別人出主意。
9. 我不喜歡獨自做事。
10. 我很容易被朋友說服。
11. 我總是很注意自己的儀表。

12.如果約會遲到我會長時間感到不安。
13.我很少與異性交往。
14.我去朋友家作客都感到很自在。
15.與朋友一起乘公共汽車時我不在乎誰買票。
16.給朋友寫信時經常訴說自己最近的煩惱。
17.我常能交上新的知心朋友。
18.我喜歡和有特點的人交朋友。
19.我覺得隨便暴露自己的內心世界是很危險的事。
20.我對發表意見很慎重。

【評分標準】第1、2、3、4、6、7、8、9、10、11、12、13、16、17、18題答「是」記1分，答「否」不記分，第5、14、15、19、20題答「否」記1分，答「是」不記分。

【解答】

A. 1—5題得分表示交往的主動性水準，得分高說明交往偏於主動型，得分低則偏於被動型。

B. 6—10題得分表示交往的支配性水準，得分高表明交往偏向於領袖型，得分低則偏於依從型。

C. 11—15題得分表示交往的規範性程度，得分高意味著交往注重嚴謹，得分低則說明交往較為隨便。

D. 16—20題得分表示交往的開放性程度，得分高偏於開放型，得分低則意味著傾向於保守型，如果得分處於中等水準，則表明交往傾向不明顯，屬於中間綜合型的交往者。

2 自信是交際成功的第一步

社交場上的信心比機智更加重要。

——拉羅什富科

全球第一的CEO是誰？

很多人不僅知道姓名，就連公司的名稱都能答得準確無誤——美國通用電氣公司前首席執行官：傑克‧威爾許。

可是卻很少有人知道傑克‧威爾許從小就患有口吃症。

那麼，他是如何在通用電氣公司首席執行官的二十年職業生涯中，顯示出非凡的領導才能呢？

用威爾許的一句至理名言來解讀，那就是：「所有的管理都是圍繞自信展開的。」

那麼，自幼就患有口吃症的威爾許的自信來自於哪裡呢？

這就不得不說起一位偉大的母親了。

威爾許的母親深信，一個充滿自信的人才會是受人歡迎的人，因此，下定決心，要讓兒子充滿自信地生活。

當威爾許因為口吃經常出醜而被人嘲笑時，他的母親並沒有因此而沮喪，而是將威爾許的缺陷變成了一種激勵，她對威爾許說：「這是因為你太聰明了，舌頭跟不上你聰明的腦袋。」威爾許相信了母親的話，這種鼓勵，讓威爾許順利地完成了他的學業，並開始了他的事業。

童年時代，威爾許參加了學校籃球隊，可是他個子矮小，在別人眼裡，根本不適合打籃球。當威爾許把這件事情告訴母親時，母親說：「你想做什麼儘管去做，一定會成功的！」母親的鼓勵再次給了威爾許自信，個頭僅僅是其他球員四分之三的他，很多年後再次看到那張合影時，才注意到自己在這群球員當中是那麼的弱小。

如今，很多人被威爾許的故事所感動，尤其當知道他的缺陷時，對他更加不由得升起敬意，甚至有人開玩笑：「原來口吃有這樣的好處？我恨不能也口吃！」

交際指南

當你面對大眾時，害怕侃侃而談；當你和陌生人交往時，你緊張得無所適從，甚至面紅心跳……在這些情況出現時，你的自信已經亮起了紅燈，你的談吐也會因為缺少自信而出現障礙，使交際無法進行下去。這個時候，你需要好好做一番恢復自信的工作了。

你可以從以下六個方面入手，讓自信的陽光灑滿交際的每一個角落。

1.重塑自己的儀表。

人們在與陌生人第一次見面時往往會透過直覺來判斷對方。端莊、大方、得體的儀表，會讓人心生好感，給對方留下深刻的印象，為以後的交際發展奠定一個良好基礎。所以，我們可以在衣飾、神態、舉止上來做適當的調整，重塑一個嶄新的自我。

2.積極的自我暗示。

用積極的方式進行自我暗示。其中一項比較簡單的辦法，就是大聲將自己要說的話說出來，並告訴自己：「我的智慧足夠讓我實現自己的理想！」「我是一個優秀的人，沒有人會嘲笑我！」「我是最棒的！」一般來說，肯定的語句越簡短，表達的感情就越真摯而強烈，效果也就越明顯。

著名學者赫巴特曾說過：「當你出門時，請收起下巴，抬起額頭，肺部吸滿空氣；碰到朋友，先微笑著向他打個招呼；和人握手時要精神飽滿；不要浪費哪怕一秒鐘去想你的仇敵；做事打定主意，不要常常改變方向，一直向著既定目標前進；把你的心完全放在你所希望的事情上。這樣下去，總有一天你會知道，你已經在無意中抓住了完成理想的機會。正如同珊瑚蟲一樣，從湍急的潮水中汲取了牠所需要的營養。」

這段話，也同樣適用於想在社交中取得成功的我們。

3.走出自我封閉的牢籠：

缺乏自信，人就容易自我封閉，所以你應該時刻警醒自己，不能再這樣下去了，努力走出自己狹窄的圈子。可以有計畫地使自己逐步變得開朗起來，比如先從熟悉的人開始，然後逐漸擴大範圍。平時也可以鍛鍊自己語言表達的能力，比如對著鏡子練習自己的表情等。

4.培養主動與人打招呼的習慣：

如果你主動與人打招呼，主動與人溝通，主動與人友善，主動幫助別人，那麼你在整個人際交往中就會遊刃有餘。這在社交中被稱為「主場優勢」，就像在自己地盤一樣擁有主動權。當你主動與人打招呼並熱情地看著對方時，對方會感覺到你的自信，也會很願意接受你提出的話題。

5. 鍛鍊自己正視別人的能力：

不敢正視別人的人，給人的感覺會像是做了虧心事。如果這種行為成為習慣，則更加嚴重。敢於正視別人，眼光流露出心中的坦誠，別人就容易相信你。俗話說得好，眼睛是心靈的窗戶，人們習慣透過眼神來判斷一個人的心思，所以我們應該學會正視別人。

6. 做一個有主見的人：

沒有主見的人，是不會受人尊重的，也很難使人產生信任感。一個成功的人士，一定是一個有主見的人，因為沒有主見會讓人毫無定性，當然很難有良好的人際關係。

十五個心理暗示法，讓你輕鬆獲得自信！

- 杜絕負面詞彙，如「畢竟」、「反正」等。
- 善於用肯定的方式表達事物，逐漸樹立自信。
- 當自卑在內心產生時，就要立刻打消。
- 避開或者替代掉令自己感到敏感的辭彙。
- 將抽象問題理出頭緒，加以具體化，有利於增強信心。
- 沒有信心時就去做最擅長的事情，剩下的事情放在後面處理。
- 未雨綢繆，凡事都先想過最壞的結果。
- 用鼓勵的話來平息自己內心的不安，如「沒有過不去的事情」。
- 遇到任何事情都不能自甘墮落，俗話講得好「哀莫大於心死」。
- 心煩時，找個無人的地方發洩一下。
- 怯場時想像自己完成任務後的快樂。
- 失落時找最能鼓舞你的朋友去大聊特聊。
- 將自己的煩心事寫到紙上，寫完之後就銷毀它。

✢ 允許自己偶爾滿腹牢騷，因為人非聖賢。

✢ 要相信自己沒有說錯。

3 好形象決定好前途

專業知識在一個人成功中的作用只占一成五，而其餘的八成五則取決於人際關係。

——戴爾・卡內基

凱倫在公司工作了三年，一直沒有升職，晚來的同事都先後成了她的上司。眼看著後輩爬到自己頭上，凱倫自認工作業績和人際關係兩方面都沒有問題，忍不住去找經理：「經理，你是不是對我的能力不滿意？」

經理笑著回答：「怎麼會呢？妳很有能力！」

「那麼，你看不起女人，認為女人沒有管理能力？」

「本公司沒有性別歧視。」

「我已經三年沒升職了，問題到底出在哪？」凱倫的語氣宛如深宮怨婦。

經理支吾了半天，最後嘆了口氣，說出了真正的原因。

原來凱倫身材姣好，又喜歡較為輕鬆的穿著，於是只要她一低下身，就會不可避免地讓其他人看到深邃的事業線；再加上凱倫平時講話嬌滴滴的語氣，實在很難讓經理把她升上去擔任管理職。

交際指南

在心理學中，有所謂的初始效應（Primacy Effect），指的是個體在社會認知過程中，透過「第一印象」最先得到的資訊，對客體以後的認知產生的影響。

在社會認知中，個體獲得對方第一印象的認知線索，主要是相貌、表情、姿態、身材、儀表、服裝等外部資訊，這些首次獲得的資訊，往往成為以後認知與評價的重要根據。因此，我們不難理解第一印象為什麼會如此重要了。

研究表明，五成的第一印象是由外表決定，而人們很容易透過第一印象就把這個人簡單地分類。故事中的凱倫，在工作場合穿著性感，不免給人一種輕浮的感覺。這樣的人，經理怎麼可能升她的職，讓她去領導別人？

無論是公共場所還是私人聚會，只要與人進行交往，穿著打扮、言行舉止等外在形象就會出現在他人的眼裡，並留下深刻印象。

因此，一個人外在形象的好壞，直接關係到社交活動的成功與失敗。

針對個人形象問題，以下有幾個實用的建議可供參考：

1.解決好形象的「焦點」問題：

穿著是我們認識陌生人的第一切入點。穿著邋遢的人，我們會認為他不拘小節，不適合做科研技術工作；穿著古板的人，我們會認為他守舊，不適合開拓創新的工作；對於衣著過於超前的人，我們會認為他的思想偏激輕率，很難擔當重任。這幾種情況都會讓人得出「此人不好接近」的結論，自然會影響社交中的形象。

俗話說得好，人要衣裝，佛要金裝，大方得體的穿著，在某種程度上，能夠影響著你的可信度、身分、地位、品味甚至能力。所以，千萬不能小看了這張「皮」。

2.注意自己的言行舉止：

語言是溝通的工具，良好的語言能力能夠讓你順利建立人際關係。很多口拙的人，總是擔心無法用言談打動別人，越渴求越會顯得拙笨，進而造成精神上的緊張，使表情動作變得十分僵硬。而那些幽默的人往往能在交際的第一時間，憑著出色的語言吸引對方，使對方很快消除敵意和戒備心理，使交際進一步深入。

在社交中，幽默的語言能夠迅速打開交際局面，不僅可以緩解緊張氣氛，還可以用來含蓄地拒絕對方，或者進行善意的批評。我們平時不妨積累一些妙趣橫生的小故事，為幽默語言積累一些素材。

3.發揮自己的性別優勢：

一個男人，如果擁有豪爽粗獷的性格、偉岸的身軀，怎能不吸引女性的喜愛？一個溫柔賢慧、婀娜多姿、清純可愛的女人，又怎能不吸引男性的追捧？每個人都有優點，我們可以憑藉這些優點，將自身的性別魅力發揮到極致，來推動交際的完成。

4.別忘記微笑：

俗話說，伸手不打笑臉人。在社交場合，笑瞇瞇的人總是受歡迎的，不僅可以吸引別人的注意，還可以讓自己和他人的心情放鬆。有魅力的人，往往都是常常微笑的人。所以，真誠地微笑吧，你會打動每一個人。

歐洲流行著一句名言：「人們通常總是根據封面來判斷書的內容。」，中國也有句古話：「一屋不掃，何以掃天下。」打理好自己的形象，是取得交際成功，贏得完美人生的重要法則。

打造自我形象的四個階段

第一階段：正確、客觀地定位自我形象。

正確地認識自身形象的特點，才能為自己選擇合適的形象定位。比如了解適合自己的色彩、適合自己的服裝款式和風格、適合自己的髮型等。

第二階段：培養審美觀。

對於一些打扮得體的人，我們會說這個人很有審美觀，反之，我們會說這個人絲毫沒有審美觀，所以平時我們應該注意培養自己的審美觀。這也是一種性情的培養，需要一定的耐心與時間。

第三階段：學習更多裝扮技巧。

平時可以透過一些時尚節目或者雜誌來學習一些裝扮技巧，比如色彩搭配、款式搭配、髮型搭配等；不同的場合應該裝扮什麼樣的形象，這裡面有很多學問，我們不妨平時多看看這方面的知識。

第四階段：不同場合得體穿著。

學會舉一反三，使自己在各種場合下都能選擇得體的服裝，展現自己獨特的風采。

4 喬・吉拉德的名片行銷學

我們或多或少樂於與平庸者打交道，因為那會使我們心安理得，產生一種與自己交往的舒適感覺。

——歌德

世界著名推銷大師喬・吉拉德，曾經創下平均月銷六輛汽車，最高月銷售達一百七十四輛汽車的神話。他如何創下如此不可思議的輝煌業績？

喬・吉拉德是一個非常善於遞名片的人，他知道，許多人眼裡那張小小的名片，其實能帶來最大的商機。當他去看棒球比賽、籃球比賽時，每當比賽進入高潮，人們紛紛起身歡呼雀躍的時候，他會將名片像雪花一樣撒向天空；當他去餐廳吃飯付帳時，他會多付些小費給服務生，再留下一些名片，讓服務生為他發名片；每個月他都會寄給客戶精美的卡片，不同的是，喬・吉拉德從來不在卡片上寫降價促銷資訊，只寫下真誠祝福的話語：「聖誕快樂」、「情人節快樂」等等，然後再加上一張自己的名片；就連在付帳單的時候，他也不會忘記在裡面加幾張自己的名片。

喬・吉拉德是這樣說的：「我隨時都在推銷自己，我用這種方式告訴每一個人我是誰，我的職業是什麼，我賣的產品是什麼，我要讓每一個想買車的人都會想到我，都來聯繫我。我的推銷無時無刻不在進行，但很多銷售人員往往意識不到這一點。」

在喬・吉拉德於一九八七年退休之後，至今仍無人能打破他的銷售紀錄。

─交際指南─

現今社會，無論商務活動還是其他活動，遞名片都成了交際的通行證。如果能夠巧妙使用名片，就可攻破對方心理防線，達到事半功倍的作用。

1.名片可以提升自我價值。

從某種意義上來講，名片也是一種身分的象徵。它上面記載著一個人的工作成績，並投射出這個人的個人魅力，進而增強了個人信心。

2.小小名片能透露出交往對象的性格。

能夠獲取大量名片的人，說明這個人具有較強的交際能力；不分場合亂發名片的人，大多很有野心，表現欲較強；經常說「名片用完了」的人，通常做事缺少計畫，性格輕率魯莽……這些小祕密能幫助你簡單判斷對方的性格特點，在談判中有的放矢。

3.名片上表達的實用資訊。

名片上除了姓名、職位、單位外，還有一些非常有用的資訊，這些資訊可以幫助我們掌握一些心理效應，比如根據對方的職位、名片的設計，找出一些與自己相近的地方，拉近彼此的距離，這往往會產生意想不到的效果。

既然名片是現代人社交活動的重要工具，那麼名片的遞送、接受、存放，也要講究一定的社交禮儀。

第一，遞送名片這樣做：

交換名片應該遵循一個「先客後主，先低後高」的原則。在與多人交換名片時可以按照職位高低依次進行，或者由近及遠的順序依序進行，切勿跳躍進行，否則會給人厚此薄彼的感覺。

在遞送名片時，應雙手奉上，將名片的正面朝向對方。同時應目不斜視、面帶微笑地面向對方，並大方地說：「這是我的名片，請您多多關照！」

另外，遞送名片應該在自我介紹之後，發名片前應該確認對方的身分，不能無原則地亂發名片。

第二，接受名片這樣做：

在接受對方名片時應該起身，並面帶微笑注視對方，然後閱讀對方名片，讀出對方的姓名職位。接受對方名片後，應該回敬給對方自己的名片，如果未帶，也應該表示歉意。對方名片應該在話題結束後，離場前謹慎收起。

第三，存放名片這樣做：

為了表示對別人的尊敬，應該將對方名片放入名片夾裡，如果沒有，也應該放入西服左胸的衣袋裡，千萬不可以隨意亂扔。

第四，認人小撇步：

如果有好幾位生面孔，不妨將名片按照座位順序擺放在自己面前，方便認人。

5 抓住黃金四分鐘

我喜歡的幽默，是能使我發笑五秒鐘而沉思十分鐘的那一種。

——威廉・大衛

一九八四年五月，美國總統雷根去上海復旦大學進行訪問。

面對著一百多位初次見面的學生，雷根的開場白是：「其實我和貴校有著密切的關係。你們的校長與我的夫人南茜是美國史密斯學院的校友，照此看來，我和各位自然也就都是朋友了！」

此話一出，全場鼓掌。

短短的幾句話，就使這些黑眼睛黑頭髮黃皮膚的大學生們，把雷根總統當成了十分親近的朋友，接下去的交談自然十分熱烈，氣氛也極為融洽。

與陌生人相識，有時候我們會相見恨晚，但對很多人來講，這種現象發生的機率很小。如果你具有與陌生人一見如故的才能，一定會相交滿天下，做事也會得到很多便利；反之，如果你不善於跟陌生人交往，很可能會在交際中處處受挫。

心理學家曾做過一個實驗：讓十名女孩排成一列，站在受試者面前。這些女孩和所有受試者都是第一次見面。其中八個女孩，穿著得體，容貌出眾，另外兩個女孩則衣著寒酸，容貌一般。心理學家暗示受試者，十名女孩中有一個是慣竊。實驗結果，居然有八成的人認為兩名寒酸普通的女孩中有一個是慣竊。

這個實驗證實了人的偏見是相當強烈的，心理學家將其稱為「心理定向」。這種理論證明：和人接觸最初的幾分鐘，第一印象是非常重要的。

按照信納德・佐寧博士在《交際》一書中的觀點，陌生人之間接觸的前四分鐘是至關重要的，他說：「當你在社交場合中遇到陌生人，你應該把注意力集中在他身上四分鐘。很多人的生活將因此而改變。」

三國時代的魯肅是一位交際大師，為了聯劉抗曹，他見到諸葛亮的第一句話是：「我是你哥哥諸葛瑾的好朋友。」一下子就拉近了兩人之間的心理距離，讓諸葛亮對他有了一見如故的好感，為孫劉聯盟的結成打下了基礎。

如何才能在四分鐘裡與陌生人一見如故？下面幾種開場白能收到立竿見影的奇效。

1.問候一定要真誠：

中國人講究禮儀，俗話也說禮多人不怪。初次見面，人們的禮節都很周到，比如熱情地握手，問候一聲，在進一步的交談中，也可問及對方一些關心的話題，然後才緩慢切入正題。問候時一定要誠心實意，恰到好處，這樣就能輕鬆緩解初次相見的尷尬和不適。

2.縮短你我的距離：

一般來說，任何一個素不相識者，只要事先做一番認真的調查研究，你都可以找到或明或隱、或近或遠的親友關係。在這裡，我們講的攀關係並不是趨迎奉承，而是找一個切入點巧妙地拉近彼此之間的距離，使對方感到親切。

3.從對方的專長入手：

每一個人都喜歡談自己的優點和擅長熟知的領域，這是天性。所以，跟陌生人交談時，直接或間接以讚揚對方的長處作為開場白，能使對方高興，對你產生好感，交談的積極性也就增加了，反之，如果有意無意觸及對方的短處，對方的自尊心受傷，就會感到「話不投機半句多」。

被譽為「銷售權威」的霍依拉先生的交際訣竅是：初次交談一定要揚人之長，避人之短。有一次，他前去拜訪梅伊百貨公司總經理，想替報社拉廣告，寒暄之後，霍依拉突然發問：「您是在什麼時候學會開飛機的？作為商業人士，會開飛機可真不簡單啊。」話音剛落，總經理興奮異常，談興勃發，廣告的事當然不在話下。不僅如此，霍依拉還被總經理熱情地邀請去乘他的自備飛機呢。

4.用友情來感動對方：

肯定對方的為人、成就，安慰對方遇到的不幸，幫助對方解決眼前的困難等，都會使對方感到溫暖，進而願意與你交往。

5.提起對方交談的興趣：

風趣智慧的語言，不僅可以化解尷尬拘束，而且可以引起對方繼續交談的興趣。

在課堂上，學生看到禿頭老教授都在私底下竊笑。老教授並沒有生氣，而是一本正經地指指自己的頭髮：「你們是在討論如何讓我再次長出頭髮的方法嗎？如果是這樣，歡迎提出好的建議，要知道這件事已經折磨我很多年了。」學生們頓時覺得教授很親切，並且充滿了智慧，紛紛提出了一些保護頭髮的建議，尷尬的氣氛就這樣被化解了。

兩手相「握」學問多

握手是互相致意的世界語言。我們在握手時應注意些什麼呢？

✣在握手時，為了表示對別人的尊重，手一定要保持清潔。

✣通常情況下，一個身體健全的人應該用右手與人握手。如果戴手套，握手前應該輕輕脫掉手套並放在一旁。女性可以不脫手套，但是面對長輩則一定要脫手套。如果是平輩，女性脫去手套，則是表示對對方的特別尊重。

✣握手應該遵循以下次序：長者優先伸手，女士優先伸手，師尊優先伸手。另外如果是兩對夫妻見面的話，則是女士之間優先，男士和對方女士其次，男士和男士最後的原則。對於客人來訪，則遵循主人優先伸手的原則，送客時則是客人優先伸手。

✣與人握手時不能心不在焉，東張西望，也不能對別人伸出來的手遲遲不握。

✣握手時身體應該向前微傾，握手力道要適度，時間應該稍微保持幾秒鐘，握手時一定要握住全手，而不應該只是握住手指。

CHAPTER 2

公關女王不會告訴你的人脈筆記

人脈資源是一種潛在的無形資產。
公關女王的人脈筆記：上有達官貴人，下有平民百姓....
不為人知的人脈交際網，默默地織出了成功人生。

1 成功在於你認識誰

有朋自遠方來，不亦悅乎。

——孔子

傑克是一位非常優秀的商人，有一次聚會，他遇到了比爾•蓋茲。

傑克說：「我把一個好男人介紹給你女兒如何？」

比爾•蓋茲說：「我女兒還沒有打算嫁人。」

傑克說：「可是這位優秀的男人是世界銀行的副總裁。」

比爾•蓋茲若有所思：「如果是這樣的話……」

過兩天，傑克來到世界銀行總裁辦公室求見總裁。

傑克說：「我想推薦一位年輕人擔任貴銀行的副總裁。」

總裁說：「對不起，銀行現在沒有副總裁的職缺。」

傑克說：「可是這位年輕人是比爾•蓋茲的女婿。」

總裁若有所思：「如果是這樣的話……」

於是，傑克的兒子娶到了比爾・蓋茲的女兒，又當上了世界銀行的副總裁。

交際指南

故事雖然是虛構的，但它表達了一個人際關係的重要法則——成功在於你認識誰。我們該如何擴大自己的人際圈，結識更多有價值的人？不妨從以下幾個方面入手。

1.提高自己的溝通能力：

溝通是接近別人，了解別人需求與願望，並適時做出正確反應的一種能力；溝通就像是一把鑰匙，能否打開人際關係這扇門，要看鑰匙靈不靈。

提高溝通能力，最關鍵的要素是傾聽。著名的大商人胡雪巖就是一位非常善於傾聽的人，無論對方是誰，說話水準如何，他都會雙眼注視對方，認真傾聽，一旦開口則會一語中的，因此很多人都非常喜歡和他聊天。

2.讚美是最佳催化劑：

鋼鐵大王卡內基在一九二一年以百萬美元年薪聘用了一位執行官，他的名字叫夏布。卡內基說：「夏布相當擅長讚美別人，這就是他最值錢的本事。」懂得讚美別人，就能使人快樂，沒有人會討厭使自己快樂的人。

3.讓你的人脈發揮作用：

《華爾街日報》曾經做過一項調查，結果顯示，高達九成五的人透過自己的人脈找到工作，五成以上的人認為透過熟人介紹找到工作，是最便捷有效的方式。人們根據自己的人脈涉及的領域，來實現對自己的支援和幫助。

4.參加社團擴大自己的人脈：

現代人工作忙碌，平時常常兩點一線，人際關係相對也比較窄小。透過參加社會上的一些活動，一方面可以擴大交際圈，一方面，如果能幫其他人做一些事情，就可以進一步加深對別人的了解與溝通。

5.細心建立人脈網絡：

其實只要細心觀察，時時處處都會有建立人脈的機會，盡可能在各種時候抓住機會結識身邊的人。相遇就是一種緣分，如果能夠進一步將這種緣分更深入一步，那就變成了自己的人脈。

6.「大數法則」建立人脈：

「大數法則」又稱「大數定律」、「平均法則」，意思是指觀察或選擇的數量越多，預期損失率就越穩定。用在建立人脈中，就是結識的人數量越多，能成為朋友的人也就越多。

五個小技巧，消除社交恐懼症

- 適當的運動可以克服心神不寧與害羞：雙腳併攏站直，然後輕輕提起腳跟，持續幾秒鐘後再放下，如此反覆三十次，每天做兩到三次。
- 平時多做深呼吸，緊張的時候能有效抑制自己的呼吸局促。
- 手裡握一些小東西可以增強安全感，對一些害羞的人來說，手裡拿著一個小包包或者手帕，會讓自己感覺好一些。
- 充足的知識是自信的基礎。平時多讀書，關注時事，增加閱歷，在談話的過程中就不怕冷場了。
- 平時訓練自己無畏地凝視對方的眼睛，慢慢地就會減輕恐懼。

2 人脈就是財富存摺

善氣迎人，親如弟兄；惡氣迎人，害於戈兵。

——管仲

哈維•麥凱大學剛畢業，面對陌生的社會，他躊躇滿志，野心勃勃，滿心以為自己一定能找到一份非常不錯的工作。可是事實並不像他想的那樣容易，幾個月過去了，他的工作依然毫無著落。

哈維•麥凱的父親是一個記者，認識不少政界和商界的人物，其中有一位商人叫作查理•沃德，他是布朗比格羅公司的董事長，某次聊天，哈維•麥凱的父親說出了兒子找不到工作的事情。

沃德說：「如果他願意的話，讓他來找我。」

第二天，哈維•麥凱來到沃德的公司，面試成了一次輕鬆的談話，沃德聊的全是當年哈維•麥凱的父親採訪他的事情。哈維•麥凱臨走時，沃德指著街道對面的公司說：「我願意讓你來我的金礦工作。」

「金礦」指的是福利待遇非常好的公司。哈維•麥凱不費吹灰之力獲得了一份非常好的工作，之後，哈維•麥凱有了自己的公司，也就是全美著名的信封公司——麥凱信封公司。

透過一次人脈，成就了哈維•麥凱輝煌的一生。

交際指南

積累人脈，相當於建立一個銀行帳戶；存摺上面的數字可以發揮作用，但作用的大小，取決於人脈的品質。

在建構自己的人脈存摺之前，不妨先幫自己畫一張人際關係網路圖。

1.基礎人脈網路：

與你最親近的人，家人、親戚、朋友、鄰居、戀人等都是你建立人際網路的基石。你可以透過他們認識他們的朋友，這樣的朋友更容易了解對方的真實面。

2.中層人脈網路：

中級人脈網路是你透過社會活動結識的朋友，學習、比賽、宴會、團體、旅遊等等。透過這些朋友可以再認識他們的朋友，甚至朋友的朋友，環環相扣，順藤摸瓜。不要以為這些人與你八竿子打不著邊，說不定甚麼時候就會用上。這些朋友不僅可以為你提供資訊與幫助，而且有利於你的興趣發展、目標確立、情感支援等。

3.最高層人脈網路：

與你的理想、職業生涯規劃有直接關係的人，他們可能是這一行的佼佼者，可能是你的合作夥伴或者競爭對手。與這些人建立起良好的人脈，將會對你的事業和理想有著不可估量的幫助。但是，和這樣的人建立人脈有一定的難度，你需要智慧、勇氣和真誠。

以上三種人脈對我們的人生都很重要，缺一不可，正如同我們擁有各樣的活存、定存或財富管理銀行賬戶一樣。善用各類人脈賬戶，可以在不同地方速成就自己的事業、前途，讓人生更加美好。

最具親和力的招呼方式

著名的日本心理治療師石井裕之，有一個非常簡單實用的辦法：當你和人打招呼時，眉毛輕輕上揚，使眉眼間的距離加大，這會流露出「我很願意接近你」的資訊，對方會感覺舒適。

3 人脈決定競爭力

對眾人一視同仁，對少數人推心置腹，對任何人不要虧負。

——莎士比亞

從最底層的服務生變成豪華酒店老闆，需要花幾年的時間？

在很多人看來，這可能需要幾十年甚至一輩子，然而在喬治•波特身上，這個奇蹟般的轉變，只用了一夜。

年輕的喬治•波特是一家旅館的服務生，在一個風雨交加的夜晚，他恰好值夜班，這時候，一對老夫婦狼狽不堪地走了進來，他們為了尋找一家旅館已經在風雨中走了很久。

喬治•波特滿臉歉意：「十分抱歉，已經沒有空房間了。」

老夫婦無奈地準備去找下一家旅館，喬治•波特攔住了他們：「今晚我值夜班，如果不介意的話，兩位不妨在員工休息室中睡一晚？」

對於喬治的熱情幫忙，老夫婦愉快地接受了。

第二天一早，老夫婦來到櫃檯前結帳，喬治・波特說：「兩位昨天住的房間不是客房，就不收錢了，祝您和夫人旅途愉快。」

老先生十分感謝喬治，對他說：「像你這樣的員工，是每一個旅店老闆夢寐以求的。」對於老先生的話，喬治微微一笑，很快就把這件事忘記了。

幾年後，喬治・波特接到一封信，信中提到了幾年前那個風雨交加的夜晚，還附有一封邀請函和一張飛往紐約的機票，邀請他到紐約遊玩。

抵達紐約後，喬治見到了當年的老先生，老先生帶著他到了一棟豪華大廈的前面：「這是我為你蓋的旅館，希望你來為我經營。」

這間旅館，就是紐約最著名的華爾道夫大飯店。

如今，華爾道夫飯店已經成為各國政要下榻的首選，也是遊客們至尊地位的象徵，而喬治・波特則從服務生搖身一變，成為著名的企業家。

—交際指南—

在人的一生中，人脈有著非常重要的作用。喬治・波特結識了旅店大王威廉・阿斯特，於是他飛黃騰達了。

好萊塢流行著一句話：一個人能否成功，不在於你知道什麼，而在於你認識誰。

那麼，我們應該如何經營自己的人脈呢？

1.誠信是為人的基礎：

為人一定要講誠信。如果說話出爾反爾，就會樹立起不誠實、不可靠的形象，反之，說到做到才能受人尊敬和信任，讓自己的人脈朝著良性循環的方向發展。

2.自信是溝通的基礎：

一個人只有擁有足夠的自信，才能與人進行正面的溝通，與人溝通暢通，才能了解對方的需求、想法及真正動機，進而抓住對方的心，結下穩定的人脈關係。

3.時刻記著幫助別人：

人脈的良性循環須建立在互惠互利的基礎上，不能只想著向對方索取，自己卻不付出。盡可能地幫助別人，別人也就樂於繼續和你保持關係。

4.大方地與人分享：

捨得捨得，不捨就不會得。學會與人分享，捨棄自己的部分利益、資訊、機會，你才會得到真正的人脈，才會得到更多的利益。

交友勿踩的十個心理雷區

✢ **輕視小人物：**在交友的過程中，如果你以貌取人，輕視小人物，你會很容易失去友誼。

✢ **急功近利：**交朋友需要時間，對不熟的朋友裝熟，會引起對方的反感，反而疏遠與你的距離。

✢ **有事才聯絡：**平時不交往，有事才聯絡的人，沒有人會喜歡，這樣的人不會得到真正的朋友。

✢ **忽冷忽熱：**對待友誼大起大落，不懂得細心經營，這樣的友誼是不牢靠的。

✢ **靠「閒話」拉攏關係：**閒話有時候可以緩解尷尬的氣氛，但是在正規的商務會談中，閒話過多，會留給對方浮躁、不踏實的感覺。

✢ **客套話也當真：**有很多客套話是用來拉攏關係或者緩解氣氛的，不必放在心上。

✢ **互不欠人情：**誰也不欠誰的友誼，很難繼續保持下去，還不如欠點情，更有利於友情的維繫。

✢ **把友情當成關係：**把友情當成自己事業成功的關係，會讓友誼變味，友情只是在最關鍵時刻才不得不用的關係。

✣ **缺乏真誠**：真誠是朋友間信任的基石，如果謊話連篇，不會交到真正的朋友。

✣ **表裡不一**：當面一套背後一套的人，讓人很沒有安全感。

4 夥伴關係成就好前途

和你一同笑過的人，你可能會把他忘掉；但是和你一同哭過的人，你卻永遠不會忘。

——紀伯倫

一雙鞋再好，如果失去其中的一隻，剩下的一隻也會變得毫無價值。人需要有搭檔，而選擇一個什麼樣的搭檔，對雙方的價值有著決定性的影響。

唐太宗李世民做秦王的時候，身邊有兩個重要的人物：房玄齡、杜如晦。房玄齡善於謀劃，杜如晦擅長決策，二人盡職盡責地在李世民左右輔佐，為唐朝的建立出了很多寶貴的意見，並制定了很多有益的典章制度。

歷史學家稱：「房知杜能斷大事，杜知房善建嘉謀」，這就是成語「房謀杜斷」的來歷。

二人的相互合作，成了歷史上著名的黃金搭檔。

好的夥伴，應該是一加一大於二的關係。當你遇到問題時，夥伴的一個提醒會使你柳暗花明；當你走到十字路口無法抉擇時，夥伴會幫你做出最正確的決策；當你工作強度過大，搭檔甚至可以成為你的分身。歷史上，韓信就是劉邦的好夥伴，因為劉邦善於帶將，而韓信善於帶兵，二者相輔相成，最終才成就了劉邦的大業。

但是，好的夥伴關係和好的婚姻一樣，因為許多夥伴共事時總是朝夕相處，甚至在一起時間比男女朋友更多。而彼此又為了相同目標而組成團隊，相處下來也是很不容易，因此更需要細心經營。

如果彼此都懂得將心比心的道理，你對別人好，別人也會對你好。在合作的過程中如果只考慮自己的利益，就不會有真正的好夥伴。學會主動授惠於對方，幫助對方，彼此的關係才會越來越近。

合作的過程中難免產生摩擦，只要抱著一顆寬容的心，就會使一切誤會摩擦化解於無形之中。

管仲和鮑叔牙是一對非常要好的朋友，管仲家裡很窮，又要養活年邁的母親，了解這一情況的鮑叔牙找到管仲，主動要求和他一起做生意。本錢都是鮑叔牙出的，賺了錢的時候，管仲拿的錢卻比鮑叔牙多。

其他人看不下去了，說：「管仲這個人真不懂道理！」聽到這話時，鮑叔牙急忙解釋：「管仲家裡很窮，又要扶養母親，多拿一點是應該的。」

後來發生戰爭，管仲和鮑叔牙一起去打仗。每次衝鋒陷陣的時候，管仲都會躲在人後，人們都諷刺管仲貪生怕死。

鮑叔牙站出來為管仲辯護：「你們錯怪管仲了，他不是怕死的人，他要保全自己的性命照顧他的母親。」

管仲聽到之後說：「生我的是父母，了解我的人可是鮑叔牙啊！」

此外，分享是一種加深感情、經營人脈的最好方式。與人分享，並且讓對方從中受益，別人會認為你是一個熱情可靠的人，會願意和你進一步交往。與人分享要本著付出的心態，別人就會願意和你做朋友，無形中你就增加了朋友，拓展了自己的人脈。

人脈不一定都是吃出來的

酒桌上的朋友，往往被人們稱為「酒肉朋友」，這句話是有道理的。

酒桌上的朋友可能是處於某種目的，比如第一次交易，一個訂單、有求於人、欠人人情，簡單說，不外乎欠情還情，利益交易，談不上感情的溝通和積累。

酒桌飯局，只是為了人脈的建立吹出一個前奏曲而已，要想真正培養感情、深入了解，需要以後在事情中磨合才行。

5 超級人脈網的織手

沒有朋友也沒有敵人的人，就是凡夫俗子。

——拉法特

孟嘗君很善於招納各類門客，當時他家裡的門客有三千人之多，對於每一個前來投奔的人，孟嘗君都不會拒絕，即使沒有才能，他也會盡心盡力為其提供良好的食宿。

一天，孟嘗君奉召出使秦國，秦昭王想挽留孟嘗君，並承諾封他為相國。面對強大的秦國，孟嘗君不敢違命，只好暫時留了下來。誰知道過了不久，秦國的大臣們紛紛勸諫秦昭王，他們說孟嘗君是齊國王族，有自己的封地，不會真心為秦國辦事。秦昭王覺得大臣們有理，就下令將孟嘗君及其門客軟禁起來，準備找個藉口殺掉。

聽到這件事情，孟嘗君派人向秦昭王最寵幸的妃子求助。妃子提出一個條件：孟嘗君只要將獻給秦昭王的狐白裘獻給她，她就願意幫忙。

狐白裘可是天下無雙的寶物，早已獻給了秦昭王，怎麼還能獻給她呢？

幸好孟嘗君有個門客，擅長鑽狗洞偷東西，他在夜裡潛入王宮，順利拿到了狐白裘。孟嘗君將狐白裘獻給秦昭王的愛妃，她非常高興，說服了秦昭王放孟嘗君回國。

聽到了消息，孟嘗君帶著門客就連夜離開秦國，到達城門的時候正是半夜。秦國有一個規定，雞叫時才能開城門。眾人正在為難的時候，孟嘗君的一個門客學起公雞啼鳴，守門的士兵雖然心裡疑惑，然而國法威嚴，只好打開城門，孟嘗君一行人便順利逃出秦國。

—交際指南—

俗話說：「在家靠父母，出門靠朋友。」

朋友在我們生活中的分量是很重的，但是朋友的種類很多，只有妥善地處理好與各類朋友間的關係，才能使自己在社會上真正能夠做到左右逢源。

日本作家宮城谷昌光寫了《孟嘗君》，震撼日本文壇狂銷40萬卷。是一部政商兵法，從孟嘗君自幼庭訓中擷取了政商兩大領域之精髓，溶為一體，做為他的宰相事業的最大支柱。也從孟嘗君出生、成長、交遊的過程，瞭解他的人格特質，看出他的人生抱負；而這位策略型的大企業家不凡的經商之道，以及他的財經勢力、商場經驗如何轉移，讓孟嘗君政商合一，如虎添翼。而他最大的資產便是門下食客三千。

人稱孟嘗君的食客都是雞鳴狗盜之輩，指的就是他的食客們都各自擁有某種卑下技能、或指卑微技能，孟嘗君以禮賢下士、才智超群聞名，他認為「相門必有相」，因此為了達到他的政商成就，便廣泛招攬「賓客及亡人有罪者」並「舍業厚遇之」。

以現代的人的眼光看來，我們沒有辦法養門下食客，但是透過用心和智慧，照樣擁有豐厚的人脈來為我們效力。因此結交各類階層的朋友，更是我們交朋友最重要的目標了！

首先我們要有一個認知：職業無貴賤，若身為知識分子和白領階級不應有優越感，對從事各行各業的朋友都要有尊重之心；此外，懂得放下自己的身段、虛心向各行業的朋友請教，就能能各階層的朋友的擁載。

醫學博士楊定一自幼就被盛讚為「神童」，但並沒有因此而自滿，反而更謙卑待人。據說，楊定一念大學時，父親要求他到餐廳或到農場打工，以讓他知道職業無貴賤。

楊定一博士在媒體受訪時還表示，他認為從每個人身上都可以學到東西，他的員工說：「楊博士對於周遭的人總是噓寒問暖，連打掃老伯伯身體不舒服，他都會一直惦記在心上。」也因為關懷的層面擴及周遭每一個人，使得他的醫學研究擴及全人類的身心靈需求，也使他的成就更加寬廣。

再者，與朋友交往應該力求真心，也要真誠認識對方，千萬不要只是為了撐場面而與人交往。據說台灣的前省長宋楚瑜在擔任省長期間，曾親自下鄉走訪台灣三百一十九個鄉鎮，與許多在地鄉親父老近距離接觸。還特別要求他的隨行人員要協助他紀錄這些朋友資料，因此他可以在第二次見面時，馬上就能喊出這些與他談過話、握過手的朋友名字。也因此雖然當他準備競選總統沒有政黨和財團的金援，卻被媒體報導在他和家人的銀行帳戶中湧入許多政治獻金，據說這都是來自他在民間認識的擁護者自發性的捐款。

當今許多中外餐廳經營者知名主廚和的美味都有一個共通密碼，那就是：擁有許多新鮮好食材的管道，而這些管道可能就從漁市場的批發商、菜市場的老闆、山上的牧場主人、海邊的漁夫、鄉間的有機農夫……，他們的人際關係也遍及各地，特別是有季節限定、珍貴食材的需求，交情就決定了採購的配量，也決定了餐廳生意。因此定期走訪山間和海邊，甚至每天到菜市場、漁港市拜訪，也就成為這些老闆們的既定行程，走訪便成就了交情的基礎。

想要做什麼都有人幫，就要開始織起屬於自己的人際關係網。而編織的工具，就要用心地與各階層交往。

音樂可以提高人的交際

提高交際能力的手段，除了提高自身的各種應變能力外，借助藝術，尤其是動聽的音樂也能產生很好的效果。

一九九四年，美國人艾傑頓做了一項實驗：將一群差不多年紀的孩子分成兩組，讓兩組孩子各自一起玩遊戲。其中一組的遊戲過程中播放著動人的音樂，事實證明，音樂能使孩子的互動變得更加頻繁與愉快。

美國的戈爾曼博士研究發現，情緒能夠決定人們在生活中的滿足感，而音樂則是一種調適情緒的好媒介。有社交憂慮的朋友，不妨多聽聽音樂。

6 聰明擇友受益無窮

上交不諂，下交不驕。

——楊雄

有一對朋友，一個叫管寧，一個叫華歆。二人經常在一起讀書，淡泊名利，並相互以此標榜自己。

一次，他們一起在菜園中鋤草，管寧挖到了一塊黃金，隨手扔到一邊；華歆忍不住撿起黃金看了又看。

還有一次，兩人一起在屋裡讀書，屋外鑼鼓喧天，一輛豪華的馬車載著達官貴人經過。管寧不為所動，華歆卻忍不住跑到門外去觀看，等到車馬駛過，才依依不捨地回到屋裡。

這時，管寧用刀將二人之間的坐席割破，說：「你的修養和我差一截，已經不配再做我的朋友了。」

交際指南

孔子曾經說過：「益者三友，損者三友。友直，友諒，友多聞，益矣；友便僻，友善柔，友便佞，損矣。」

這句話的意思是，有三種朋友對自己有益；三種對自己有害；為人正直、誠實守信、知識淵博，是好朋友；口蜜腹劍、光說不練、前後不一，則是壞朋友。

安娜有一個老朋友芭芭拉，兩人十多年前認識，關係很密切，發誓要做一生的朋友。但安娜發現，她只要和芭芭拉在一起，心情就會很差，因為芭芭拉經常批評她的衣著品味，還會告訴她其他朋友對安娜的批評。

無奈下，安娜找到專業的心理機構去諮詢，心理師告訴她，芭芭拉是一個道道地地的「有毒朋友」。

生活中，當你遇到困難向朋友求助時，八成的朋友會故意躲避你，只有兩成的朋友會給你一些幫助，真正能改變你一生的朋友，則只有百分之五。

患難見真情，聰明的人會把主要精力用在維護百分之五的珍貴朋友身上。

以下四種類型的朋友，就屬於其中的百分之五，要用心交往和維持。

1.志同道合的朋友。

這類朋友，讓你往往有相逢恨晚的感覺，你們的志趣相近，有著高度的默契，你們能夠分享彼此的興趣愛好、信仰，和這樣的朋友在一起，你會感到無比輕鬆與快樂。

2.鼓勵支持你的朋友。

無論你遇到什麼困難，他都會支持你，為你打氣。你們彼此互相鼓勵，當你遇到壓力時，他猶如一劑強心針，讓你從灰心喪氣中重新振作起來。

3.成就你的朋友。

這類朋友有著豐富的經驗，往往能夠在各個方面為你提供寶貴的建議，幫助你做出正確的決策，進而改變你的人生。這類朋友會成為你強大的心理支柱，無論在何時都能夠使你感到信心十足。

4.為你牽線搭橋的朋友。

這種朋友在日常生活中不一定常常來往，但他總會在你最關鍵的時候為你牽線搭橋，排憂解難。

遠離「有毒朋友」

「有毒朋友」，是最近的新鮮辭彙，指的是那些用語言或行動給人帶來困擾，讓人感到筋疲力盡、灰心喪氣，最終破壞心情和生活的朋友。

心理學家認為，「有毒朋友」主要分以下幾種類型。

1. 打著關心你的幌子，經常暗示性地批評你的外表、習慣及行為方式。
2. 想盡辦法成為關注的焦點，讓你圍著他轉，把他視為主角，而你只能當配角。
3. 以友誼要脅，不理你死活，逼你遷就他。
4. 習慣毀約。
5. 總是向你哭訴抱怨，卻不解決問題，令你筋疲力盡。

7 患難之交的價值

在緊急時捨棄你的朋友不可信賴。

——伊索

二個朋友到山上遊玩，不幸遇到一頭饑餓的棕熊。眼看著棕熊離二人越來越近，其中一個人眼明手快，迅速爬上旁邊的小樹；樹很小，另一個人不敢冒險往上爬，情急之下，只好躺在地上裝死。

棕熊來到裝死的人面前，一邊用爪子用力翻著他的身體，一邊用舌頭舔著他的臉，折騰了一番，快快地走了。

棕熊走遠之後，地上的夥伴爬起來，看著樹上的朋友說：「剛剛棕熊告訴我一個非常重要的忠告：時時提防對自己不忠的朋友，哪怕他有一絲的不忠，也要盡快離開他。」

說完，夥伴拍拍自己身上的灰塵，頭也不回地離開了。

真正的友情是能夠承受考驗的，越是危難，越能看出朋友對你是否真誠。真正的患難之交，在危難之中不會棄你而去，而是會挺身助你一臂之力。

現代社會物欲橫流，當你飛黃騰達時，身邊會有一堆朋友圍著你攀關係；當你倒楣了，再放眼四周，當初那些人早就不見了蹤影，想求他們幫忙，馬上翻臉不認人。

晉朝時期，有一個人叫荀巨伯，在一次探訪朋友時，朋友住的城市被敵軍攻打。城中的百姓攜老帶幼紛紛而逃，但荀巨伯的朋友病重臥榻不起，只能勸荀巨伯逃走。正在這個時候，幾個敵軍氣勢洶洶地衝進了朋友家，將刀架在荀巨伯的脖子上，厲聲喝問：「你是什麼人？全城人都跑光了你還不走？好大的膽子！」

荀巨伯毫無懼色地對敵軍說：「我的朋友病了，我不能丟下他獨自逃命。」說著，他指了指床上的朋友，「請你們別驚嚇我的朋友，有事找我好了，即使要我替朋友死，我也絕不皺眉頭。」

在場的士兵被荀巨伯為朋友犧牲的氣節震撼了，向他行禮後就離開了。

如果你擁有一個苟巨伯這樣肯為你犧牲的朋友，哪怕只有一個，也是難得的。
當巨浪滌盡塵沙，留下來的才是真金；讓友情接受考驗，才能夠發現真正的好朋友。

人際交往中，學會用耳朵表達溫柔

在與人交流的過程中，很多人往往忽略了耳朵的作用。一副善於傾聽的耳朵，是人際交往中不可或缺的。那麼，我們怎樣才能有一副這樣的耳朵呢？

✢ **關心對方：**認真傾聽，不要批判，讓對方能夠隨時得到你的回應。

✢ **對待談話對象要專注：**面部表情要專注，適時用微笑、眼神或者語言來回應對方。

✢ **不要先入為主：**當你對談話過於投入時，很容易加入主觀情緒，甚至會因發怒而失控。

✢ **及時總結對方的觀點：**對別人談話的內容及時做出精準的結論，會讓對方覺得你認真地聽他講話，同時也能訓練自己的思考能力。

8 這樣交往就對了

真正的友誼總是預見對方的需要，而不是高喊自己需要什麼。

——莫洛亞

兩個朋友一同旅行，在路上發生了爭吵，其中一個人打了另一個人一耳光。被打的人一言不發，在沙地上用木棍寫了一行字：「今天我的好朋友打了我一記耳光。」

兩人繼續前行，經過一條河時，被打的人差點被河水淹死，他的朋友救了他一命。他用身上的匕首在石頭上刻下一行小字：「今天我的好朋友救了我一命。」

打人的人問被打的人為什麼在兩種不同的地方寫字，被打的人說：「朋友傷害你的事情，要寫在容易消失的地方；朋友幫助你的事情，要刻在不會磨滅的地方。」

與朋友交往，就是一個互相磨合、互相包容的過程，很多人會因為交往中的摩擦誤會而分道揚鑣，有的甚至會成為互相攻擊的仇人。

在與朋友實際交往的過程中，除了真誠和寬容外，還應該注意下面幾個問題。

1.明確劃分朋友的類型：

朋友的種類有很多，患難之交、知己之交、普通之交、君子之交、利益之交等等，對待不同的朋友要用不同的方式，對待珍貴的朋友要付出更多的真誠和時間。

2.朋友需要時，第一時間出現：

生活中難免會遇到事情要求朋友幫忙。在朋友危難時，第一時間向他伸出援手，他會永遠記住你的好，你們的友誼也會隨之加深。

3.巧妙拒絕朋友：

拒絕朋友時，一定要講究方式和技巧，說明原因、耐心勸解、婉轉說明，效果會比直接拒絕好得多。

4.友情不能被過度利用：

使用友情，一定要把握分寸，不要為難對方，也不要接二連三要求幫助，這樣會使對方對你敬而遠之。

5.把握交往的安全距離：

距離產生美感，再親密的朋友也不能親密過頭，彼此之間的距離越近，就越容易發生摩擦。

6.尊重朋友的自由空間：

每一個朋友都有自己的交際圈，如果你的朋友的朋友是你不喜歡的人，不要對朋友發脾氣，而應該尊重朋友的選擇，以寬容的心坦然面對一切。

打破交際僵局的三種方式

✣ **看透事情的本質：**有時候交際出現僵局，很多時候是因為自己心胸不夠開闊、愛面子、固執造成的。一定要認識到自己的根本癥結所在，努力反省自己。

✣ **打開心扉，克服自我意識：**自我意識太強，就容易清高自大、孤僻內向。在交際的過程中，一定要打開自己的心扉，坦誠對待周圍的人。

✣ **交際技巧得當，微妙之處不可忽視：**將細節處理好，往往會收到柳暗花明的效果。比如你與朋友吵架之後想要和好，你可以仔細觀察，在朋友最需要的時刻滿足他，讓他重新想起你們以前的友情。

9

找尋生命中的貴人

普通人想著如何養生，如何聚財，如何加固屋頂，如何備齊衣衫；而聰明人考慮的卻是怎樣選擇最寶貴的東西——朋友。

——愛默生

李鴻章早年屢試不第，一度失意，之後成了曾國藩的幕僚，幫忙撰寫公文。

有一次，安徽巡撫翁同書犯了大錯，曾國藩想彈劾他，但翁同書一家人聖恩正隆，其父翁心存是皇帝的老師，其弟翁同龢是狀元，除此之外，翁氏弟子幕僚遍布朝野，因此彈劾之事要十分慎重才行。

曾國藩正在躊躇的時候，李鴻章幫他寫完奏稿，其中一句話是：「彈劾犯錯的大臣是我的本分，我不敢因為翁同書門第鼎盛，就不做這件事情。」

奏章一上奏，其他大臣不敢再生私心，皇帝下旨將翁同書革職，發配新疆。

這件事之後，曾國藩覺得李鴻章是個人才，從此對其大力提拔。

自古以來，很多人的成功都離不開貴人相助。所謂貴人，在古代往往是那些功成名就的人，他們擁有一般人沒有的能力和人脈，所以很多人不免對他們有攀龍附鳳的想望。隨著時代的進步，現今社會的貴人，已經不僅僅是那些功成名就的達官貴人，貴人會有很多種，對你諄諄教誨的恩師、給你溫暖和愛的伴侶、為你提供升職和就業機會的老闆、協助你完成任務的得力下屬、為你提供各種資訊的眾多朋友，這些人都是你的貴人。

簡單地說，對你有幫助的人都是你的貴人。

這些貴人有哪些特徵呢？

1.願意嘮叨你的人。

一個願意嘮叨你的人，是真正在意你的人，否則他嘮叨你做什麼？你的貴人嘮叨你，是想讓你改正缺點，是想讓你反省自己，注意自己的言行舉止，不要犯錯。

2.無條件幫助你的人。

無論在任何情況下，他都會願意幫助你，不計任何回報。他完完全全接受你這個人，會真誠地希望你能更上一層樓，會盡力幫助你而毫無怨言。

3. 願意分擔你的痛苦並分享你的快樂的人。

能夠甘願與你同甘共苦的人，一定是你的貴人。在你最困難之時，他對你不離不棄，在你身邊鼓勵你，與你共同面對；當你快樂時，他願意分享你一切的快樂。

4. 對你諄諄教導和提拔你的人。

一個願意用自己的知識來教導你的人，願意為你提供升遷機會的人，無疑是你的貴人。

5. 對你信守承諾的人。

如果一個人對你信守承諾，並有能力將承諾實現，幫你解決問題，幫你前進，他就是你的貴人。

6. 真正欣賞你的人。

一個真正能夠欣賞你的人，是一個用心去了解你的人，他能欣賞及接受你的優勢，並進一步幫助你將優勢挖掘出來，然後幫助你找到發光的場所，這是你的貴人。

職場貴人的四種類型

✣**業務型貴人**：當你剛進入一家公司時，他們能夠讓你學到工作中必須掌握的技能。

✣**閱歷型貴人**：此類貴人往往具有令人羨慕的職場閱歷和智慧，他們能夠統攝全局，將整個全局工作了然於胸，經驗豐富。這些人未必有很高的職位，也許是人事部專員，也許是櫃檯接電話的小姐，也許是你身邊忙於工作的技術員，但都不可輕視。

✣**思想型貴人**：此類貴人往往擁有豐厚的學識，對社會、政治、管理等，都有一定深度的見解和獨特的認識。

✣**魅力型貴人**：此類貴人在公司往往具有獨特的人格魅力，他們的人際關係處理得非常好，上自公司老闆下至員工都喜歡他。

10 不要透支人脈資源

貪婪會破壞人們的心靈純質，你獲得越多，就越貪婪，而且總感到不能滿足自己。

——安格爾

海邊有一間簡陋的茅屋，裡面住著貧窮的漁夫和他的老婆。

某天，漁夫捕到了一條小魚，小魚居然開口自稱是海神的女兒，求漁夫放過她，並且向漁夫承諾：「如果你放過我，我會滿足你的一切要求。」

「這樣啊……」漁夫想了想，放走了小魚，說：「既然這樣，給我一個木盆吧，家裡的木盆已經破到不能用了。」

拿著新木盆回到家裡，漁夫將這件事告訴了老婆。老婆說：「小魚有如此神通？那我想要一棟新房子。」

漁夫來到海邊，呼喚小魚。小魚再次滿足了漁夫的願望，但漁夫貪婪的老婆依然不知足，說：「既然小魚有如此神力，那就不能輕易放過這個機會！這次我要一座宮殿，一大堆珠寶，我要成為一個貴婦人！」

漁夫再次來到海邊向小魚請求，回到家，看到自己的老婆穿著華麗的衣服，頭戴珠寶首飾，身邊一群僕人伺候著。

看到漁夫回家，他老婆頤指氣使地說：「告訴小魚，我要做自由自在的女皇！」

漁夫吃驚地說：「夠了！難道妳瘋了嗎？」

話剛說完，老婆狠狠打了漁夫一耳光，漁夫只好又來到海邊向小魚請求。這次他回到家裡，家已經變成了宮殿，老婆變成了女皇，正在豪華的桌子前喝著美酒，吃著糕點，身邊站著威風凜凜的衛士。

見到漁夫，老婆大聲說：「回去告訴小魚！我不只要做女皇，我還要做海上霸主，讓小魚來侍奉我！」

漁夫不敢說什麼，垂頭喪氣地來到海邊，這時海邊狂風驟起，天空劃過一道閃電，漁夫等了好久小魚才出來，聽完漁夫的懇求，一聲不吭地消失在茫茫大海裡。

漁夫回到家，吃驚地發現一切變回了老樣子，他老婆又變成了一副窮酸的模樣，自己的家依然是原來那間簡陋的茅草屋。

交際指南

與任何資源一樣，人脈資源也是有限的，需要我們用一種恰當的方式來獲取，並且要控制獲取和依賴的程度。

在經營自己的人脈資源時，不僅要注意時時往裡面進行投資儲蓄，而且利用人脈資源的時候一定要適度，人脈資源就像銀行存款一樣，只有不斷儲蓄才能不斷增長；反之，則遲早會枯竭。

透支人脈資源，會導致你的人脈鏈條不能良性循環下去。如果你不知節制地無限利用，對方會對你產生恐懼，避之唯恐不及，哪裡還敢和你深入交往呢？

對於一個只知索取不知付出的人，別人會認為你根本不懂人情世故，之後便主動遠離你，最後導致你的人脈關係疏離，感情變淡，形象也會遭到破壞。

那麼，如何才能做到自己的人脈資源不透支呢？

1.好鋼用在刀刃上。

當你有了人脈資源時，一定不要毫無計畫地使用在一些不重要的事情上，而是要使用在最關鍵的地方。人脈資源不是一種自主再生資源，如果將這些資源用在雞毛蒜皮的小事上，日後再用時可就沒有了。所以，對於已經儲存的友情、人情一定要妥善保管。

2.用心經營人脈存款。

如果你脾氣暴躁、任性、粗魯，你的人脈帳戶的資源就會減少，萬一好朋友反目成仇，投資全部歸零。因此，對待朋友一定時刻保持一顆寬容隨和的心。

3.人脈資源不能短期炒作。

人脈存款不可能剛投資就見到回報，這是一種既不能急於求成，也不能疏於經營的特殊資產，需要用心經營才能不斷增值，才會在關鍵時刻得到更多的幫助。

擺平四種「社交怪人」

✣ **情緒崩潰型**：你一開口，對方就開始淚潸潸，這時不妨邀請對方出去走走，在公共場合裡，對方較能控制情緒；肩並肩的溝通方式，也可以緩和彼此某些權力不對等的關係。

✣ **拒絕溝通型**：當你嘗試溝通時，對方要嘛轉移話題，要嘛聽而不聞。這表示你們的關係出現了非常嚴重的問題，建議先從日常小事開始改善氣氛。如果要進入較嚴肅的話題，可使用婉轉的開頭，比如：「我非常需要你的意見，有空聊聊吧？」

✣ **躁動挑釁型**：你一說自己的看法，對方立刻就一副備戰狀態，把球扔回來逃避問題。這時要見招拆招，把問題清楚地擺在他們面前。比如對方大聲咆哮：「你又用結婚來給我壓力！」你可以回答，「沒辦法啊，我年紀也越來越大了！」

✣ **野蠻威脅型**：這種人喜歡用「如果你……我就……」來威脅人。遇到這種人，絕不能被嚇住，而是勇敢地說出現狀，比如對一吵架就收拾行李回娘家的妻子，丈夫要拉住她，「每次妳都這樣威脅我，這也解決不了問題。如果妳真的想好好跟我過下去，我們還是把問題討論清楚。告訴我，妳到底想要什麼樣的結果？」

CHAPTER 3

高效溝通
成就加倍奉還

無論是表達、領導還是喚起熱情，都需要與人溝通。
高效率的溝通讓你在短時間內贏得信任，找到與人際互動的最短距離。
溝通對了，人際關係自會加倍奉還。

1 微笑是最簡單有效的溝通

微笑乃是具有多重意義的語言。

——施皮特勒

一位商人遇到了一位禪師，商人對禪師說：「禪師您好，我非常苦惱。」

禪師：「說來聽聽。」

商人：「一直以來我都非常努力，每天工作認真謹慎，我聘請了最優秀的人才，發給優渥的薪水，可是事業仍舊卡在瓶頸，一直無法發展。這是為什麼呢？」

禪師緊鎖眉頭，一副痛苦的神情：「是啊……這是為什麼呢？」

商人一臉苦笑：「禪師，都這個時候了，您還捉弄我？」

禪師鐵青著臉，神情凝重：「我捉弄你了嗎？」

商人說：「您的臉都扭曲成那個樣子了，還說沒有？」

禪師哈哈大笑，從懷裡拿出一面鏡子，遞給商人：「我是在學你啊！」他對商人說：

「一個滿臉冰霜的人，沒有人會接受你；一個內心充滿熱情的人，即使對方是一塊石頭，也會被你變成黃金的。」

微笑，能夠點石成金！

商人恍然大悟，從此之後把禪師的話當成金玉良言，公司的瓶頸也不自覺地消失了。

交際指南

面帶微笑的臉，就彷彿一張美麗光鮮的明信片；每個人都喜歡收到漂亮的明信片。

當你對人露出微笑的同時，也表達了你的尊重，同樣地，別人也會以微笑和尊重對你。

簡簡單單一個微笑，調節了情緒，溫暖了人心，建立了人際關係，又沒有成本，真是好處多多。

當然，微笑看似簡單，但也需要講究一定的技巧。

1.微笑應該自然。

微笑一定要發自內心，不能做作、僵硬、勉強。微笑時要大方、得體、美好，才能獲得良好效果。

2.微笑應該真誠。

大部分的人對假笑都有辨別能力，只有真誠的微笑才能引起別人的共鳴，使對方感到內心溫暖，得到真正的尊重，從而進一步加深友情。假意的微笑，不僅不會使對方感到快樂，還會使氣氛變得尷尬，使交際無法順利進行下去。

近幾年來，一個叫作「職場微笑病」的心理疾病悄然出現；這種病的本質和抑鬱症有些相似，得到的人都覺得生活無望，經常陷入悲觀的情緒中。

專家指出，得到這種病的人在職場上習慣性假笑，常常處於矛盾的情緒中，情緒失衡，就出現了「職場微笑病」。

如果不是發自內心的微笑，不僅會傷害到別人，還會傷害到自己。當你情緒不佳時，不妨向對方說出自己真實的感情，獲取別人的理解，這樣反而能使交際順利進行下去。

3.微笑應該富有涵義。

對待上級領導的微笑，應該充滿尊重與關切；對待同事的微笑，應該真誠爽朗；對待家人的微笑，應該充滿愛和珍惜；對待朋友的微笑，應該柔和親切……對待不同的人，應該有不同的微笑。

4. 微笑應該符合禮儀。

微笑應該具有一定的禮儀規矩。比如與對方談話時，可以一邊認真聽，一邊不時點頭微笑；適當直視對方的眼睛，不能東張西望，眼神游離。微笑應該以自然適度為佳，不能過於誇張，否則就會引起對方的反感。

5. 微笑應該符合場合。

並不是所有的場合都需要微笑，比如重大的會議、研討會、追悼會等等。

「職場微笑病」的心理自救處方

✣ **扯下微笑的假面具：**不要把微笑看作是解決問題的法寶，調整待人接物的思維方式，以真實誠摯的心態處世。

✣ **不要讓不良情緒轉化：**不要把憂鬱積在心底，讓它有宣洩的出口，在哪裡結下的心結，就想辦法在哪裡解開。

✣ **學習自我安慰和放鬆的技巧：**培養廣泛的興趣愛好，例如瑜伽和太極拳，對消除壓力、緩解心血管疾病等症狀非常有利，養花植樹、欣賞音樂、練習書法、繪畫、打球等，可以怡情養性，調和氣血，有利於健康。

✣ **建立心理支援系統：**在鬱悶難以自我排解的時候，向朋友、家人、心理諮詢專家訴苦，尋求心理幫助。如果精神壓力過大，心理承受能力有限，最好能進行專門的心理治療。

✣ **換個角度看待生活和工作：**在現代新型工作方式之下，生活方式和價值觀也必須調整。愉快工作是幸福生活的必需；記住，如果生活不快樂，工作是沒有意義的。

✢ **透過飲食緩解不適：**焦躁、心悸、失眠，可多吃豆類、五穀雜糧、蔬菜水果，減少紅肉類的攝取量，避免喝咖啡、濃茶、酒等刺激性飲料，少吃辣椒、芥末、花椒、大蒜、蔥、薑等辛辣燥熱之物。

2 讚美是交際利器

良言一句三冬暖，惡語傷人六月寒。

——中國諺語

某次，乾隆皇帝大宴群臣，飯香酒濃時，乾隆雅性大發，出了上聯。

「玉帝行兵，風刀雨箭雲旗雷鼓天為陣。」

百官沒人能對上，乾隆就指明要紀曉嵐對對子。紀曉嵐很快對出了下聯。

「龍王設宴，日燈月燭山肴海酒地當盤。」

群臣一片讚嘆之聲，乾隆不免慍怒心起，好半天都沒有說話。

紀曉嵐知道自己得罪了皇帝，上前一步說：「聖上貴為天子，所以能調遣風雨雲雷；微臣空有一副大肚皮，只希望吃頓酒席而已，哪裡比得上聖上神威？」

乾隆當場轉怒為喜，表揚紀曉嵐說：「你飯量雖好，但若無胸藏萬卷之書，又哪有這麼大的肚皮？」

交際指南

紀曉嵐出色的對聯掩蓋了乾隆的才氣，惹得乾隆不悅；紀曉嵐及時抬高乾隆，貶低自己，使乾隆轉怒為喜，一場危機這才平安度過。

讚美之話，會讓人息怒，讓人心情舒暢。這種毫無成本的交際方式，為什麼不多多使用呢？

生活中，我們會遇到很多善於拍馬屁的人，這些人以花言巧語討得別人歡心；然而真誠讚美別人與之不同，真誠的讚美會讓人心生歡喜，增加你的個人魅力。

心理學家研究發現，別人的讚賞和鼓勵，能夠讓人發揮最大的潛力，因此，讚美不僅能夠給人們帶來快樂和幸福，而且能夠增強人們的信心，使人們取得更加卓著的成績。

一位美國的哲學家說過：「人類天性中都有做重要人物的欲望。」而讚美，在一定程度上能夠滿足人們的這一需求。

一般情況下，一個人的社會價值有多大，常常取決於來自社會的讚揚和鼓勵有多少。

那麼，在人際交往中，如何讚美別人才能收到令人滿意的效果呢？

1. 讚美要真誠。

如果誇獎一位不到四十歲的女士「看起來真年輕」還說得過去；要用來恭維一位氣色不佳的七十歲老奶奶，就過於做作了。

2. 讚美要因人而異。

不同的人希望得到不同的讚美：女人喜歡別人讚美自己漂亮有氣質；男人喜歡別人讚美自己風度翩翩；老人希望別人讚美自己身體硬朗，小孩希望別人讚美自己聰明聽話；商人希望別人讚美自己事業有成，主婦希望別人讚美自己勤勞賢慧，總之，不同的年齡，不同的職業，希望獲得的讚美是不同的。

3. 讚美的對象要具體。

讚美不能漫無邊際，這樣很容易讓人摸不著頭腦。

如果別人劈頭對你說「你真講義氣」，你會感到莫名其妙：我哪裡講義氣了？如果對方看到你的髮型，再稱讚你「這個髮型很適合你」，你就會覺得很舒服。

4. 讚美對方得意的事情。

商人的熱賣產品、作者的暢銷書、畫家的知名畫作等等。

5. 讚美要適度。

讚美之詞不能過分誇大，要本著適度的原則。比如稱讚一位身殘朋友強壯靈活，就適得其反，變成了挖苦和諷刺；但適當稱讚對方身體看起來很健康，並無大礙。

語言是一門藝術，讚美的語言則是藝術中的藝術，將讚美的話運用到交際之中，會使你變成真正的交際高手。

在背後讚美人有奇效

在背後說別人的好話，比當面說效果要好得多。

例如你要結交某某人，可以從對方身邊的人入手，向這些人稱讚某某人，讚美的話很快就會傳入某某人的耳朵裡。

這種效果和當面稱讚有著明顯的不同，當面說，可能只有你和某某人知道，某某人難免會有點防備心；如果向第三者稱讚某某人，讚美就會從單純的社交辭令上升到了真正的誇獎，對方當然會更開心。

轉變思路，效果大不同，不妨試一試。

3 抓對溝通的頻道

一個人必須知道該說什麼，什麼時候說，對誰說，怎麼說。

——德魯克

有一個書呆子，平常最喜歡咬文嚼字，滿嘴之乎也者。

某天晚上，他被蟲子螫了一下，痛到不行，馬上搖頭晃腦地大叫：「賢妻，速燃銀燭，爾夫為蟲所襲！」

他老婆一臉茫然地看著他。

書呆子加大嗓門：「痛煞吾也！痛煞吾也！賢妻，速速看看是何物？痛煞我也！」

他老婆還是沒有反應。

最後書呆子實在忍不住了，大吼：「孩子他媽！幫我看看，有蟲咬我！」

他老婆這時才恍然大悟，一看，書呆子的背上已經腫了一個大大的包。

一個真正懂得說話的人，知道對什麼人說什麼話，他並不需要字字珠璣句句精彩，卻總能把話說到重點上，說進對方心裡面。

說話不講究方式與對象，無疑會自討苦吃，就像故事中的書呆子一樣。所以，在說話前應該對說話對象有一個大致了解，年齡、身分、職位，確定最佳的談話內容與方式，這樣才能達到預期的效果。

舉個例子，業務小趙打電話給有身分有地位的客戶錢經理。

「錢經理您好，我是〇〇公司的小趙。」小趙說：「錢經理，公司最近有一個新企畫案，我想在第一時間通知您，不知您現在有沒有時間聽一聽？」

「我看看……」錢經理查了查行程表：「我還有十分鐘的時間，你可以介紹一下。」

再舉個例子，小趙打電話給與他年齡差不多，而且非常熟的小孫。

小趙：「孫哥！最近在忙什麼？好久沒看到你了！」

小孫：「還不就天天東跑西跑……你呢？發財沒？有好東西記得通知我啊！」

「那是一定要的啊！公司最近有一個新案子，我第一時間就打給你了！」

小孫：「喔？長話短說，我現在有點忙。」

小趙：「切！介紹好東西給你你還忙？我跟你說，案子是這樣的……」

人的性格百百種，即使是雙胞胎也有著很大的差異，有的人沉穩，不喜歡別人說話隨意；有的人活潑，不喜歡別人中規中矩；有的人幽默，不喜歡別人說話刻板；有的人一本正經，不喜歡別人說話輕浮；有的人修養很高，不喜歡聽沒有水準的話……

總之，蘿蔔白菜各有所好，從對方的角度出發，用對方能夠理解和接受的方式說話，才能達到良好的溝通。

想成為一個溝通高手，平時可以多積累些知識，有了豐富的知識做基礎，和別人談話的時候，才有比較多的選擇方式。

打開話匣子的技巧

與陌生人剛剛接觸時，最大的障礙是不了解對方。遇到這種狀況，該如何打開話匣子？

✣ **主動化解尷尬**：先介紹自己，然後自然地詢問對方的職業及相關資訊，再根據資訊找出彼此共同的話題，比如愛好或興趣等等，靠這些共同話題來消除彼此的陌生感。

✣ **在第一時間觀察對方**：對方的表情、髮型、衣著、配件，都能大致表現出對方的身分、喜好；不僅僅是對方本身，環境、擺設、陳列物、家居用品等也會表現出主人的情趣、修養與愛好。

4 擺脫無謂的爭辯

如果你是對的，試著溫和地讓對方同意你；如果你錯了，就要迅速而熱誠地承認。這比為自己爭辯有效和有趣得多。

——戴爾‧卡內基

「新郎和新娘可以說是青梅竹馬！」新郎的伴郎好友意猶未盡地吟詩：「郎騎竹馬來，繞床弄青梅……我一直很喜歡這首宋代詞人柳永的詞……」

亦迅參加大學同學的婚禮，聽到伴郎的介紹，心想這明明是李白的詩，於是當場指出了對方的錯誤。伴郎認為自己說的才是對的，於是兩人爭論起來。恰巧亦迅的大學老師也在場，他是研究唐代文學的博士。亦迅將伴郎拉到老師面前，讓老師評理。

老師說：「是奕迅錯了，這位伴郎先生是對的。」

回家後，亦迅越想越不對，翻出唐詩一看，果然是李白的〈長干行〉，第二天他直接跑到老師的研究室，把書拿給老師看。

「這首詩本來就是李白寫的。」老師微微一笑：「昨天那個場合，何必爭論這些無關緊要的事情？」

交際指南

很多時候，無論爭論到最後的勝負如何，你都已經輸了。

想想，你逞了一時之快，不給別人留面子，別說拉遠了對方與你的距離，對方甚至會對你嫉恨在心，伺機報復你。

爭論是一件非常傷感情的事情，這對人際關係的經營是很不利的，甚至會影響到事業。

林肯曾經說過：「一個做大事的人，不能把精力用在斤斤計較上。無謂的爭辯不但會損害你的性情，還有可能使你失去自制力，做出更不可理喻的事情。與其和狗爭路，不妨讓狗先走，難道你被狗咬傷了，也要咬狗一口嗎？更何況你就算把狗打死了，傷口也不會好啊！」

不同的社會背景、家庭背景、教育背景，決定了人與人之間交往的差異。要與不同的人和諧相處，就應該有一顆包容的心，尊重別人的意見和看法，即使別人的看法不正確，也應該委婉告知對方，而不是一味爭辯。

一時的衝動是魔鬼，無謂的爭論，有涵養的人會沉默以對；如果對方是一個喜歡抬槓的人，就會和你爭論到底，問題得不到解決不說，還加深了矛盾。

要避免與人無謂爭辯，可以採取以下這些建議：

1.尊重別人說話的權利和機會。

當別人說出不同的觀點時，應該仔細聆聽，讓對方將話說完。尊重別人，就要做一個認真聆聽的聽眾，等對方發表完觀點再說出自己的看法。

2.沉默是金。

很多時候，沉默是一種最安全的表達方式，爭論不一定能讓事情有結果，但肯定會引起別人對你的嗔怒。

3.就事論事，絕不針對人。

如果在交際中遇到了無法避免的爭論，請你記住一個原則：對事不對人，就事論事，不做人身攻擊。比如對方遲到了，你應該只針對對方今天遲到這件事來說，而不是抱怨對方老是不守時，做事情磨磨蹭蹭。

4. 尋找折衷方案。

當爭論相持不下時，彼此各退一步，不失為一個解決問題的良好方法。

5. 盡快離開硝煙瀰漫的戰場。

無論爭論勝敗，雙方都會不舒服，嚴重時還會彼此仇恨。當爭論告一段落時，不妨找個台階讓彼此都退出戰場，讓對方覺得你並沒有將剛才的爭論放在心裡，更沒有將對方當成敵人。

做一隻人人喜歡的喜鵲

職場中，有人尖酸刻薄，喜歡貶損別人，彷彿一隻聒噪的烏鴉；有人說話則會讓人身心愉悅，就像是一隻喜鵲。怎樣才能讓自己成為一隻喜鵲呢？

✢ **不要貶損別人喜歡的事物：** 對待別人熱愛的事物，一定要肯定事物的價值。貶損別人的熱情和興致，無疑是在人家熱血沸騰的時候澆上一盆冷水，這是一件非常掃興的事情。

✢ **對待別人的成功要與其同樂：** 成功之路非常艱辛，適時稱讚成功者幾句，與他一起快樂，對方會非常受用。

✢ **尊重別人的一切：** 每個人的個性、做事方法都不一樣，不要因為個人好惡而隨意指責別人。

✢ **欣賞別人的作品：** 對待別人的作品，要稱讚其優點，不要貶損其缺點，這樣會傷害對方的自尊心。鼓勵對方，稱讚對方作品的優點，缺點簡單帶過。

5 忠言可以不逆耳

有效的溝通取決於溝通者對議題的充分掌握，而非措辭的甜美。

——葛洛夫

戰國時代，趙太后執掌國政，秦國乘機攻打趙國。趙國向齊國求救，齊國要求讓趙太后的小兒子長安君當人質才肯出兵，趙太后很疼小兒子，說什麼都不肯。

德高望重的趙國大臣觸龍求見太后，一見到趙太后，先聊了一些家常，之後嘆了口氣，說：「老臣的小兒子舒祺，不怎麼成器，我又太寵他，我想請太后讓他在宮中擔任侍衛，這樣老臣就算是死也安心了。」

趙太后心頭一動：「沒想到你們男人也會疼兒子。」

「天下哪有不疼孩子的父母？」觸龍說：「我們做父母的，總得為孩子做長遠打算才好。」

太后若有所思地點點頭：「是的。」

觸龍接著說：「如果太后真心疼愛長安君，就應該讓長安君為國家社稷做出他的貢獻，否則太后百年之後，長安君於國家社稷沒有功勞，怎麼能在趙國站穩腳呢？」

趙太后猛然驚醒，當即答應讓長安君去做人質。

交際指南

說忠言，是對別人真誠的表現，但忠言往往會逆耳，很多人不僅聽不進去，甚至會誤解別人的一番好意，這是因為人容易受感情支配，不好聽的話往往會使人反彈。如果我們學會故事中觸龍說服趙太后的方法，旁敲側擊，委婉進行，往往會收到事半功倍的效果。

想做到忠言不逆耳，可以從以下幾個方面入手：

1. 謹言慎行。

從對方的感受出發，態度委婉誠懇，言語不應該過於嚴厲。

2.選擇場合。

忠告最好是二人私底下進行，在公眾場合很容易傷及對方的自尊心而遭到反彈。

3.忌用對比的方式。

勸諫別人的時候，不能拿其他人的例子與之對比，這樣很容易引起對方的不滿。

4.選擇契機。

不顧別人臉色、情緒的忠言，往往會使事情變得更糟糕。當別人情緒激動時，不宜直接提出忠告；不妨先從對方的感受出發，安慰對方，待對方的情緒平復後，再找機會進入話題。

交談中要巧打太極拳

✤ **委婉地說直話：**太極拳的最大特點就是以曲線運拳，絕對不會直來直往。在社交的過程中，直來直往容易傷害對方。

✤ **急話慢慢說：**太極拳看起來緩慢，實際上慢中蓄力，一拳打過去，比迅速地打過去的殺傷力往往更強。當別人冤枉你、陷害你時，如果你急於辯白，常常會越描越黑；不用急於爭辯，等情緒緩和下來，再找合適的時機說，往往會產生意想不到的效果。

✤ **用軟語來說硬話：**太極拳的核心思想是以柔克剛，說話也一樣，就算我們有理，也不要得理不饒人，適當說一些軟話，更容易消解對方的敵對情緒。

6 傾聽是最有價值的小金人

傾聽對方的任何一種意見或議論就是尊重，因為這表示我們認為對方有卓見、口才和聰明機智。反之，打瞌睡、走開或亂扯就是輕視。

——霍布斯

小國向大國進貢，貢品是三個一模一樣的小金人。

小國使者拿出小金人的同時，問了一個問題：「三個小金人，哪個最有價值？」三個小金人的作工、重量和成色都一模一樣，這下可難倒了大國的國王和諸位大臣，如果回答不出來，泱泱大國豈不是會被小國恥笑？

就在這個時候，一個老臣站了出來，當著所有人的面，將三根稻草分別從三個小金人的耳朵插進去。

第一根稻草從小金人的另一邊耳朵出來了，第二根稻草從小金人的嘴巴裡出來了，只有第三根稻草直接進到小金人的肚子裡，再也沒有出來。

老臣向大國國王鞠躬：「我認為第三個小金人最有價值。」

交際指南

古希臘哲學家蘇格拉底說：「上天賜人以兩耳兩目，但只有一口，欲使其多聞多見而少言。」

善於傾聽的人，才是最有價值的人。

人與人之間的溝通、合作、相處，都需要多聽多看，而傾聽是一個人有涵養的表現，也是建立和諧交際關係的基礎。

在溝通過程中，懂得傾聽的人，比侃侃而談的人更受人喜歡，因為每個人都希望別人能聽到自己的心聲。

那麼，要如何才能正確地傾聽呢？

1.正確的禮儀舉止。

眼光自然地注視對方，身體端正，避免做一些小動作，比如東張西望、打呵欠、挖鼻孔、掏耳朵等等。

2.適時提出問題。

當對方談到某個觀點時，適時提出一些問題，對方會認為你在認真地聽他講話。

3.切忌打斷對方。

發表自己的意見，請等到別人的話結束之後，否則別人會有不被尊重的感覺，甚至會不滿地提醒你讓他把話說完，這樣就非常尷尬了。

4.以恰當的身體語言回應對方。

對方在說話時，不時地以點頭、微笑或者幾句恰到好處的補充作為回應。

5.尊重對方的話題。

無論對方的話題多無趣，你都應該認真聽完，然後再找個適當的理由換話題。

6.適時加入一些新話題。

如果從頭至尾保持沉默，說話氣氛會越來越僵。不妨在適當的時候帶入一些相關的其他話題。

7.注意弦外之音。

所謂的弦外之音，不一定是話語背後的涵義，語調、語言、動作、表情，都能表達出說話者的真正想法。

8.不要直接反對。

很多時候，對方需要的只是一個傾聽的對象，而不是一個談話的對象，即使你不同意對方的看法，也不妨設身處地為對方著想，多體諒對方。

傾聽中的插嘴技巧

傾聽的過程中巧妙插嘴，常常會有意想不到的效果。

什麼時候插嘴才是最佳時機呢？

✣ **對方信心不足：**剛開始談話時，對方可能會因為擔心你不感興趣而產生疑慮，這個時候不妨鼓勵他一下。

✣ **對方無法控制自己的情緒：**憤怒、激動等等負面情緒，都很容易扭曲談話的內容，這個時候適當插嘴，可以幫助對方平復情緒。

✣ **對方迫切需要你了解他的意思：**談話的過程中，你可以插上幾句話，幫對方的話語做總結，一方面可以增強對方的信心，二方面讓對方知道你很認真傾聽。

✣ **不要對事情本身做評論：**當你對事情做出主觀評論，很可能會讓談話超出自己能控制的範圍，或者導致對方情緒失控。

7 透視身體密碼

君子之所人不及，在君慧眼善識人。

——曾國藩

有一次，李鴻章為曾國藩舉薦了三個年輕人。

曾國藩並沒有直接召見三個人，而是在一旁偷偷觀察三個年輕人等待通傳時的舉動。第一個年輕人認真地觀察著房裡的擺設，第二個年輕人低頭原地站著；第三個年輕人背著雙手，看著天上的浮雲。時間一分一秒過去，前兩個年輕人早已顯出不耐煩的情緒，第三個年輕人卻依然饒有興致地欣賞風景。

沒多久，曾國藩將三個年輕人帶到書房，開始談話。仔細觀察擺設的年輕人，與曾國藩談得最投機，第二個年輕人口才普通，第三個年輕人對事物則有獨到的見解，並常常語出驚人。

之後，與曾國藩相談甚歡的年輕人被委以虛職；老實的年輕人當上了管理錢糧馬草的官職；而有獨到見解的年輕人則被委以軍前效力的重任。

李鴻章對曾國藩的安排相當不解，前來討教。

曾國藩說：「第一個年輕人與我談話投機，但他對自己所說並不十分了解，只是善於迎合罷了，而且最沒有耐性，這說明此人善於鑽營，表裡不一，絕對不能委以重任。第二個年輕人沉穩有餘，過分老實，沒有做大事的魄力，只能做個刀筆吏。第三個年輕人對事情有獨到的觀點，最可貴的是，在我面前能夠不卑不亢地陳述自己的見解，日後必會有大作為。可惜此人性情過於直爽，將來會吃大虧。」

事情果然不出曾國藩所料，第三個年輕人的名字是劉銘傳，後來當上了台灣首任巡撫，顯赫一時；最終遭到小人暗算，黯然離開官場。

—交際指南—

在人際交往中，穿戴可以體現身分地位，眼神和姿勢則會在不知不覺中出賣人們的真正想法。

就眼神而言，可以約略看出一個人的心態與性格：被別人注視就會馬上移開視線的人，大多自卑；無法直視對方的人多半內向。

與別人談話時，盡量將視線集中在對方的眼部和面部，這能表現出真誠的傾聽、尊重和理解；反之，閃避對方的目光，通常表示話不投機或者不快。

與人交往中，一方面要學會了解對方的真實意思，另一方面要表現好的舉止，給對方留下一個好的印象，這樣就會有利於交往的進一步發展。

綜合而言，隱藏在身體語言中的情緒可分為以下幾大類：

1. 自信十足：抬頭挺胸、下巴略高、背負雙手、翻動衣領、坐姿向前傾斜。
2. 願意接受：眼睛平視對方、微笑、打開手掌。
3. 緊張：雙手絞在一起，坐立不安、不停抽菸、撥弄身上的小物品、揪耳朵、捂嘴、吹口哨等等。
4. 安全感不足：用嘴咬筆或指甲、不停搓揉手指、用手揪自己的皮膚等。
5. 十分配合：坐姿前傾、身體放鬆、以手托頰。
6. 遭遇挫折：雙手握拳、撥弄頭髮或後頸、呼吸急促。
7. 防衛心理：偷看、側視、說話時眼光看地、微笑時閉著嘴唇、摩拳擦掌、以手摸鼻或揉眼、靠在牆上或樹上等。

透過「眼手」看上司

在人際交往中，察言觀色是了解對方真正意圖的一種妙方；透過仔細觀察上司的言語、表情及肢體語言，就能夠讓你在很短的時間內了解對方真正的意思，讓你及早做好準備來應對。

✢ **說話時低頭、不看人：**上司不把下屬放在眼裡，認為下屬沒有工作能力。

✢ **雙手叉腰，雙肘向外：**喜歡下令。

✢ **久久盯視：**希望獲得更多的資訊，或者加深對下屬的印象。

✢ **看人時從上往下：**高傲自負，支配欲強。

✢ **目光犀利、表情單一：**對下屬冷漠，並暗示下屬他知道一切。

✢ **目光猶疑不定：**表示對下屬捉摸不透。

✢ **眼光凝視別處，時而點頭：**表示對下屬說什麼並不關注，下屬必須完全服從。

✢ **身體靠向椅子，雙手放於腦後，身體放鬆：**表示輕鬆或者自負。

✢ **以坦率的表情看人、對下屬眨眼睛：**表示他非常認可下屬。

✢ **雙手交叉向下：**表示平靜。

✣ **雙手於身後握緊：**表示優越感。

✣ **拍肩：**從側面表示認可欣賞；從正面表示輕視或顯示權力。

✣ **雙手併攏呈金字塔狀指向下屬：**表示反駁下屬的意見。

✣ **將食指指向對方：**表示挑逗、優越感。

8

記住名字成就好人緣

最簡單、最重要的獲取好感的方法，就是牢記別人的姓名。

——戴爾•卡內基

吉姆•弗雷德從小家境貧寒，國小畢業就得輟學打工；但他四十六歲時，擔任國家郵政部長一職；羅斯福能夠入主白宮，得益於吉姆的傾力相助。

既沒有學歷，又沒有背景，吉姆•弗雷德究竟是靠什麼取得成功的？

一位年輕記者帶著這樣的疑問，來到了吉姆•弗雷德的辦公室。

吉姆•弗雷德這樣回答：「努力勤勞工作，就是我成功的奧祕。」

年輕記者露出疑惑的表情，說：「應該沒有這麼簡單吧？聽說您可以隨口說出一萬個人的名字，我認為這和您的成功有著很重要的關係。」

吉姆•弗雷德笑了：「其實我能夠毫無差錯地說出五萬個人的名字，並且能夠問候他們的家人以及工作上的事情。」

五萬個人的工作和家人的情況！年輕記者震驚了，他問：「您是怎麼做到的？難道您的記憶力高人一等？」

吉姆・弗雷德搖搖頭，說：「每次與陌生人見面的時候，我都會將他們的名字、愛好、家人及政治觀點抄在本子上，再深深地刻入腦海中而已。」

—交際指南—

與人交往要從尊重別人開始，尊重別人要從記住別人的名字、愛好、習慣入手。名字，不僅僅是稱呼，還包含著個人的尊嚴與個性。

人們很願意被人提起自己的名字，即使只是一面之緣，如果你能清楚叫出對方的名字，他就會對你的印象大幅提升。

法國皇帝拿破崙三世非常忙碌，但是在百忙之中，他依然能夠記住他認識的每一個人的名字。當別人向他介紹名字，他沒有聽清楚或者對方名字難記時，他都會不厭其煩地請對方重複，然後他會在頭腦中將此人的資訊重複幾遍，直到印到腦子裡。

在交際過程中，忘記名字或者叫錯名字是非常尷尬的，更是一種不禮貌的行為，會立即影響到交際的進行。

怎樣才能輕鬆記住別人的名字呢？以下七種方法，可以幫助你解決難題：

1.表現出對別人的關注與興趣。

在別人向你自我介紹時，你一定要表現出關注和興趣，這有助於加強記憶。

2.不斷重複名字直到記住。

當別人告訴你名字時，如果一遍記不住，不妨在心裡重複幾遍。

3.多稱呼對方名字。

在交談中盡量使用名字稱呼對方，說多了自然就記住了。

4.將名字與人對照。

記住對方名字的同時，順便記住對方的相貌特徵。

5.將對方的名字記錄下來。

好記性不如爛筆頭，記下來除了加深印象，還可以經常拿出來看一看。

6.記住主要人物。

同時出現較多陌生人時，可以挑選主要人物來記憶。

7. 找到與對方名字相關的詞語。

如果對方的名字與你熟悉的事物相近，你可以在頭腦中建立起二者的關係以方便記憶。

打招呼的學問

遇到熟人時，大家都喜歡和對方打招呼，但打招呼也有不少學問。

- 不是所有場合都需要打招呼。電影院、廁所就不適合說話打招呼，此時可以微笑或點頭示意。
- 打招呼應遵循男士主動、晚輩主動打招呼的原則。
- 打招呼以對方習慣及雙方關係為基礎，盡可能簡單自然，比如「你好」、「早安」、「汪老師好久不見」。
- 問候語要看人、場合、時間、氣氛，生活中常用的問候語，不一定適合所有場合，「吃了嗎？」「還沒睡？」就不適合在嚴肅的場合使用。

9 準確把握交際中的自尊彈性

人應該尊敬自己，並自認能配得上最高尚的東西。

——黑格爾

春秋時期，齊宣王酷愛音樂，尤其愛聽吹竽，後來打算找三百個會吹竽的樂師組建一個交響樂團，簡稱「齊宣王三百竽師」。

月薪二十二K的南郭先生，聽說了這件事情，想著公務員鐵飯碗總沒錯，雖然他不會吹竽也沒錢補習，仍舊咬牙參加了高普考，沒想到真的考上了「齊宣王三百竽師」。

之後，每次交響樂團演奏時，南郭先生都是在人群中裝模作樣，卻像其他竽師一樣，領著優厚的待遇。

南郭先生原本以為能一直混到領退休金，誰知道齊宣王駕崩了，齊湣王繼位。與他爹不同的是，齊湣王喜歡聽獨奏，並下令讓竽師們好好練習，之後輪流吹竽給他欣賞。

聽到這個消息，南郭先生嚇得屁滾尿流失了魂，想來想去，最後潛逃到與齊國沒有引渡協議的國家了。

—交際指南—

人要臉，樹要皮，很多人為了自己的面子小心翼翼、謹慎萬分，因為面子就是自己既敏感又脆弱的自尊心。

心理學家認為，人人都有維護自尊的天性。從馬斯洛的需求層次論中可以看到，自尊是高於衣食住行的一種更高層次的精神需求。

然而，臉皮有薄厚之分，自尊心有強弱之別，有些人臉皮薄，面子高於一切，別人稍有冒犯，要嘛火冒三丈進行反擊，要嘛拂袖而去從此結仇；有的人卻恰恰相反，臉皮勝過銅牆鐵壁，視個人尊嚴如無物，每每突破道德下限。

總之，臉皮太薄不行，太厚也不好，正確的方法是讓臉皮保持一定的彈性，根據實際情況隨時調整，該厚則厚，該薄則薄。

如何視狀況調整臉皮厚度？

1.反覆提醒自己這次交際的任務和使命，不要讓情緒影響了大局。

2.為了維護面子而發洩心中的不快，不僅讓事情毫無轉圜的餘地，而且還會使自己喪失繼續交際的機會，得不償失。

3.反思自己，虛心接受別人的建議，即使對方錯怪了你，也應該在事後慢慢解釋，而不是當場將事情搞得一塌糊塗，難以收場。

4.某些時候，厚臉皮反而是維護自尊的方式；當你的請求遭到拒絕時，你的鍥而不捨往往會打動對方。

自尊的意義

人際交往中，自尊是處於第一位的，因為人人都需要自我尊重。自我尊重是一種自我約束的行為，是一種道德上的約束，自尊讓我們有意識地規範自我舉止和行為。比如在安靜的會議場所，大聲說話會打擾會場，於是自尊讓你接受整個會場的規矩，而不是我行我素。

在職場上，你必須尊重自己的職業，先尊重自己的職業，才能贏得別人的尊重。

10 以退為進適當妥協

不會寬容人的人，不配受到別人的寬容。

——貝爾奈

漢朝有個丞相叫作公孫弘，自幼家貧，年輕時就養成了儉樸的生活習慣，就算當上丞相依然如此。

某次，汲黯認為公孫弘沽名釣譽，寫Mail給皇帝打小報告：「公孫弘當上了宰相，薪水這麼高，卻餐餐吃排骨飯，睡覺只蓋涼被，根本是在裝清廉，心機太重了。」

聽到了這件事，公孫弘馬上寫了檢討報告給皇帝：「報告皇帝，汲黯跟我是一輩子的好朋友，既然連他都這麼說，這件事肯定是我的錯……幸好汲黯忠心耿耿，不然陛下肯定聽不到我的這些過錯。」

看完公孫弘的信，漢武帝覺得公孫弘為人謙讓，更加尊重他了。

面對汲黯的指責，公孫弘沒有任何辯解，看似吃虧，其實占了大便宜。公孫弘深知，在汲黯的說辭已經被皇帝和眾人接受的情況下，再做辯解，旁觀者只會認為他在幫自己開脫；於是公孫弘以退為進，不僅沒有對汲黯的指責做任何辯解，而且對汲黯讚賞有加。

以退為進，是一種大智慧，尤其是對領導者而言。

領導人是眾人關注的焦點，免不了會有一些非戰之罪；更何況人非聖賢，誰不犯錯？適時退讓，不僅能避免對方產生更多的敵對情緒，也能體現你寬容大度的胸懷。

交際中，我們經常需要透過說服對方來達到自己的目的，如果一味強調自己的優點，企圖占據上風，對方反而會加強防範心理；如果這時候以退為進，無意間露出些許自己的缺點或錯誤，使對方覺得你很真實，並產生一種優越感，彼此之間的心理距離就能拉近許多。

以進為退，說到底就是表面上讓步，實際上卻暗中進了一步，就像開弓射箭一樣，把弓弦往後拉，是為了讓射出去的箭更有力。

春秋時期，晏子出使楚國。

「齊國沒有人了嗎？」楚王嘲諷：「為什麼派你這樣一個人來做使臣呢？」

「我們齊國首都的大街上，人群展開衣袖就可以將天空遮蔽起來，流下的汗水就像雨一樣多，怎麼會沒有人呢？」晏子很誠懇地回答：「只是我們齊國習慣派賢明的人出使賢明的國家，無能的人出使無能的國家，我是最無能的人，只好出使楚國了。」

楚王面紅耳赤，自覺沒趣。

在應對楚王苛刻的問話時，晏子以退為進，表面上承認自己無能，實則諷刺楚王無能。既維護了齊國的尊嚴，又有力地回擊了楚王。

在交際的過程中，我們也能夠以退為進，讓對方順從自己的要求——先提出一個大的要求，如果對方沒有同意，退一步提出小要求，在這種情況下，對方往往會透過滿足你的小要求，來彌補沒答應大要求而產生的內疚感。

在達不到最終目標的狀況下，我們也可以抱著以退為進的態度，及時調整期望值，適時讓步，讓事情向好的一面轉化。

人際交往中的登門檻效應

登門檻效應，又稱得寸進尺效應，由美國社會心理學家弗里德曼與弗雷瑟於一九六六年實驗後提出。

他們到兩個不同的住宅區，要求人們在房前豎立一塊「小心駕駛」的大標語。在第一個住宅區，他們直接提出要求，被很多居民拒絕，整體接受者不到兩成；在第二個住宅區，他們先請居民在一份交通安全的宣導書上簽字，幾乎所有的居民都答應了；幾週後，再向他們提出豎立警告牌的要求，結果答應的居民超過了五成。

同意提供小幫助，會給人一種自己樂於助人的自我感覺；接著人們就會繼續朝著這個方向行動，進而答應了更多的要求。

CHAPTER 4

動腦不動氣
*EQ*打造黃金人生

個人EQ決定了人生IQ，換環境不如換腦袋。
管理好EQ，全世界都會聽你的。
活絡你的腦部思維，開拓人生新視界，讓人際網路永遠不斷線。

1 成功經營跨文化關係

當我在米蘭，我不在星期六齋戒；當我在羅馬，我在星期六齋戒。

——聖安伯羅斯

有兩個商人想到裸國做生意，一個叫呂不韋，一個叫沈萬三。

呂不韋說：「聽說裸國人平時都裸露著身體，我們應該尊重裸國的文化，入境隨俗。」

沈萬三不以為然，說：「難道要跟他們一起光著身子？」

呂不韋說：「禮儀教養在我們的心裡，而不在我們的衣服上，何況我們要親近他們才能做生意，也只能這樣了。」

沈萬三勃然大怒：「畜生不如！我才不會這樣做！」

呂不韋入境隨俗，很快就和裸國人打好關係，甚至連裸國國王也非常尊敬他。至於沈萬三，則堅持自己的文化禮儀習慣，不僅如此，他還處處誹謗詆毀裸國文化。沒多久，裸國國王把沈萬三趕出裸國，再也不允許他踏入半步。

交際指南

很多人和故事中的沈萬三一樣，憑藉自己的價值觀行事，即使到了別人的地盤，也不尊重別人的生活文化習慣，因此遭到主人的報復，自己的願望也化為泡影。懂得入境隨俗的呂不韋，則交到了很多朋友，最後賺到了錢，圓滿實現了自己的願望。

入境不隨俗，就好比到人家的地盤撒野，自然也就不會有好結果。當你興沖沖拿著一束菊花送給日本女孩時，你追求對方的機會也會化為泡影，因為在日本，菊花是用來祭奠死人的；再比如回教的人不吃豬肉，基督徒不拿香等等，類似的例子太多了，總之，無論是做生意、追女人或者拜訪朋友，都不要忘了先了解對方的文化習俗，隨時調整自己的交際策略，才能百戰百勝。

每個人都希望獲得別人的尊重，但前提是我們要先學會尊重別人，包括別人的生活習慣、文化、信仰，只有入境隨俗，客隨主便，才能讓自己的交際得以成功。

中西方的文化差異

✣ **隱私**：大部分華人願意並善於與別人分享自己的事情，也願意了解他人的事情，隱私觀念比較淡漠；西方人恰恰相反，他們注重自我空間，不願意任何人干預自己的私生活，年齡、職業、收入這類資訊，被西方人看作個人隱私，不願意透露給陌生人知道。

✣ **客套**：受儒家文化薰陶幾千年，華人崇尚低頭做人的理念，在別人誇讚自己時，即使誇讚符合事實，也會謙遜一二；而西方人聽到別人誇讚只會道謝，對於華人的過分謙遜，西方人反而認為是不誠實的行為。

✣ **餐飲**：用餐時，華人會熱情地為別人夾菜，勸酒，為客人準備的飯菜精美豐盛，即使如此還會補上一句「粗茶淡飯，請多多包涵」；而在西方國家用餐，不要替別人夾菜和勸酒，因為在他們眼裡，吃多少喝多少是別人自己的事情，其他人不應該干涉。

2 身段造就好人緣

撐持事業，須先立定腳跟始得。

——曾國藩

康熙晚年，皇子間為了爭儲明爭暗鬥，整個皇室暗流湧動。

預見到兒子間的廝殺即將上演，康熙無力阻止，失望地對兒子們說：「照現在的狀況，恐怕我屍骨未寒，你們就會把我扔在乾清宮，開始操起刀槍爭鬥了吧！」

當時的形勢對雍親王並不利，論人氣聲望，八阿哥胤禩高居其上；論與康熙的親近，三阿哥胤祉在他之上；論才幹，十四阿哥胤禵佔優。

對此，雍親王的幕僚戴鐸說：「做英明父親的兒子難，過分表現會引起聖上懷疑，過分隱藏又會被皇上鄙棄。不如韜光養晦，以待時機。」同時還提出了五條策略：第一，誠孝皇父；第二，友愛兄弟；第三，謹慎敬業；第四，戒急用忍；第五，加緊聯絡百官，尤其是康熙帝的親信重臣，地位較低的近侍和漢人官員也不要放過。

此後，雍親王以戴鐸為他出的一整套主意行事，最終登上了皇位。

交際指南

槍打出頭鳥，鋒芒外露，於交友、處世都不利。一個人在生活中要學會韜光養晦，該低調時就要低調，時時謙虛，事事謹慎，才能獲得好的人脈與人緣。

人在屋簷下，該低頭時要知道低頭，知道變通的人，自然能處理好人際關係，事業才能平順；一味爭強好勝，最後損害到的都是自身的利益。

人們常說，有真材實料的人往往深藏不露，半瓶水的人才會到處響叮噹，這種看法不無道理。

一個真正有實力的人，不需要透過別人的讚揚來滿足自己的虛榮心，於是看似低調，即使無意露出鋒芒，也是自然流露，這樣的人，看不穿，猜不透，使人心生敬意。

低頭做人，不僅不會失去尊嚴，反而更能維護尊嚴。當然，低頭做人並不是讓我們忍氣吞聲、逆來順受，而是養精蓄銳，蓄勢待發，是一種玉在櫝中求善價的氣魄。

低調五大法則

✢不輕易與人爭辯。

✢善於自我解嘲。

✢難得糊塗。

✢走為上策。

✢利用別人的同情心，將自己的痛苦脆弱放大，別人就會放過對你的猛烈攻擊。

3 距離產生美感

真正的友誼，需要保持一定的距離；有距離，才會有尊重，有尊重，友誼才會天長地久。

——尤今

在嚴寒的冬季，刺蝟經常會將身體緊緊靠在一起，然而身上的針往往會扎到對方受不了，很快又各自散開。可是天氣實在寒冷，又驅使牠們不得不靠在一起……反反覆覆，刺蝟終於找出了合適的距離，既可以讓牠們互相取暖，又不至於刺傷自己。

「保持一定的距離！」

這是法國前總統戴高樂的座右銘。

戴高樂的各種幕僚人員，每兩年就會更換一批；不僅如此，戴高樂會明確告誡新職員任期，讓他們不要把這份工作當成自己的終生事業。

為什麼要這樣做？

聰明的戴高樂，是一個靠自己的思維和決斷來行事的領袖，他也不容許自己離不開別人，也不想讓身邊的人成為他的依賴。在戴高樂眼裡，崗位不調動才是一件不正常的事情，只有不斷流動，才能讓周圍的思維和決斷具有生命力和充滿朝氣，也可以杜絕因長期從事一項工作，而造成人員營私舞弊、貪污受賄等腐敗現象。

—交際指南—

在與人相處時，需要有一個安全距離，既能保障彼此獲益，又不至於傷害到對方。

有個心理學家特地做了一次實驗。

在一間大閱覽室中，有一位不知情的讀者，這位心理學家走進閱覽室，坐在他的旁邊。這個實驗進行了八十次，沒有一個人無視心理學家，大部分的人會主動換位子，有的人甚至會直接問他：「你想幹什麼？」

人與人之間，需要保持一定的距離，沒有人喜歡別人隨意闖入自己的空間，這個空間就像是一個膨脹的氣球，太擠，氣球就會爆開；安全空間一旦被破壞，人就會產生排斥和逃避心理。即使是再親密的人也是如此，彼此太親近，就容易破壞和諧的關係，進而發生摩擦。

「過於親近，易生侮慢之心」，得意忘形的人往往忘記了該保持的適當距離，於是轉眼間平靜被破壞，言行舉止失當，往日的親密夥伴反目成仇。

所以，在處理日常人際關係中，我們應該時刻保持理智和冷靜，不應過於親密而忘了彼此間的安全距離，而傷害了好不容易積累的人際關係。

美國人類學家愛德華•霍爾博士，劃分了四種人際關係距離：密切、個體、社會、公眾，其中又各自分為接近、較近、稍近、遠離型幾種。從兩個人之間的距離，基本可以看出他們的親疏程度：

密切距離（夫妻、祖孫、父母子女、戀人、姊妹、摯友）：

接近型為十五公分以內，較近型為十五到四十五公分。

個體距離（朋友、同事、同學、上下級）：

接近型為四十五到七十五公分，稍近型為七十五到一百二十公分。

社會距離（同行、商務關係人、買賣關係人）：

接近型為一百二十到兩百一十公分，遠離型為兩百一十到三百六十公分。

公眾距離（公共場所的陌生人）：

接近型為三百六十到七百五十公分，遠離型為七百五十公分以上。

認識人與人之間的距離，我們在處理人際關係時，就能夠把握良好的尺度。

1.對待同事關係要遠近適當，做到不即不離。

同事間的關係很微妙，距離太遠會難以溝通，別人會認為你孤僻；太近了容易讓上司認為你拉幫結夥搞派系，有時還會暴露自己的隱私。對待同事，不妨仿效一下刺蝟取暖，保持不遠不近的安全距離。

2.不要主動和老闆做朋友。

很多老闆都不希望下屬成為自己的朋友，讓員工了解自己的私事，對公司和老闆自己都不是一件好事。所以，盡可能和老闆保持普通的上下級關係。

3.理智應對突然急劇升溫的情感。

一般來說，人的情感是靠時間逐漸累積的，突如其來的情感升溫，應該小心對待，不要一下子沖昏了頭，而忘了應該保持的距離。

職場社交最佳距離

✢ 1.22—2.13m（老闆距離）：低於此距離，老闆會感覺你在為難他；超過此距離，老闆會認為你不夠真誠。

✢ 2.13—366m（同事距離）：低於此距離，同事會認為你氣勢凌人；超過此距離，同事會認為你沒有禮貌。

4

笑到最後終成贏家

聰明難，糊塗難，聰明轉糊塗更難；放一著，退一步，當下心安，非圖後來福報也。

——鄭板橋

難得糊塗，是清朝文人鄭板橋的處世名言。雖然他表達的是對時政的不滿，頗有無可奈何的心態，但在社交圈中，難得糊塗卻是極實用的。

春秋時期，楚莊王設宴招待群臣，並且讓自己的寵妃為大家敬酒助興。

正當大臣們喝得興起時，一陣風吹滅了所有的蠟燭，整個大廳頓時一片漆黑。這個時候，有人拉住寵妃的衣服調戲她，寵妃奮力掙脫，並且扯下了那個人帽子上的繫纓，接著寵妃跑到楚莊王身邊，將剛剛發生的事情告訴了他。

楚莊王思考片刻，對大臣們說：「今天是高興的日子，大家都把帽子上的繫纓摘下來，痛痛快快放鬆喝酒！」

大臣都照楚莊王的要求做了，等所有蠟燭重新點亮後，楚莊王也沒有再提有人冒犯愛妃的事。

七年之後，楚莊王帶兵攻打鄭國，正在危急關頭，大將唐狡自告奮勇，衝進敵人的包圍中，救回了命懸一線的楚莊王。楚莊王答謝唐狡時，才知道唐狡就是當年調戲寵妃的人。

—交際指南—

楚莊王之所以當下沒有把色狼大臣抓出來懲處，是因為他明白，當前局勢只有敵我矛盾才是主要的，與大臣之間的這些事，如果不裝點糊塗，自己就會損失一個大臣，這對他來說是一個巨大的損失。

那麼，楚莊王糊塗嗎？

在生活中，我們也會遇到像楚莊王這樣的尷尬狀況，如果我們也能從大局出發，難得糊塗，就會使交際更加順利。

事事聰明的人最終未必能得到好處，反應遲鈍的人也未必會吃虧，能笑到最後，才是真正高明的智慧。

許多時候，遲鈍一點、傻一點、糊塗一點，往往比聰明更有利。但在人際交往中，難的不是聰明，而是裝糊塗。那麼，我們怎樣才能做到「難得糊塗」呢？

1.放下對自我的念念不忘。

面對自己的成績和才能時，要做到忘記自我。不要將自己的成績掛在嘴上，在人前炫耀容易引起人嫉妒之心。一定要記住，滿招損，謙受益。

2.放下對他人的念念不忘。

對待別人的禁忌、敏感和過失，我們應該裝糊塗，不要揭人短處或傷疤；就算是真正關心，也要委婉表達。

在很多無傷大雅的小事上，我們不妨學著糊塗點，不要事事都盡顯聰明，與人針鋒相對，反而會讓事情變得很難處理。

職場交際中的聰明與糊塗

✣ **上班聰明些，下班糊塗些**：在上班時，應該保持一顆聰明的頭腦，認真處理工作的事情，下班時，對待同事的言論，要糊塗些好。

✣ **正事聰明些，小事糊塗些**：對公司的任務和工作一定要聰明些，認真完成，對薪水、升遷、福利等小事要糊塗些好，不要太計較。

✣ **工作聰明些，關係糊塗些**：對待工作要有板有眼，要聰明些，不能模稜兩可，「大概」、「似乎」、「好像」這些字眼不要用在工作上。對待關係，一定要糊塗點，因為人際關係處理起來需要更多的靈活應變。

✣ **開會聰明些，平時糊塗些**：開會的時候，一定要清楚表達自己的意見，要聰明，事先想清楚。開完會之後言論糊塗些，不要輕易表態和亮明自己的觀點。

✣ **異性聰明些，同性糊塗些**：與異性交際要聰明些，因為異性之間的過分親密很容易誤事，也會影響個人在公司的形象。同性之間就可以糊塗些，不必過於認真。

✣ **已知聰明些，未知糊塗些**：對於已經知道的事情一定要聰明，三思而後言，否則不要輕易發表自己的意見。對於未知的事情可以糊塗些，尤其是自己不肯定的事情不要輕易說出口，更不能捕風捉影發表意見，這樣別人會認為你不嚴謹，弄不好還會誤事。

5 世界終是公平的

上帝拿走了你一樣東西，說不定是要把更好的給你。

——張小嫻

胡雪巖早年只是個小商人，卻有著以政輔商的心思；王有齡則是杭州的一個小官員，一直想往上爬，卻苦於沒有錢作為敲門磚。

某天，兩個人聊起了這件事情，胡雪巖就變賣了自己的家產，將幾千兩銀子無償送給王有齡。王有齡進京求官去了，胡雪巖則繼續做小生意，把這件事拋諸腦後。

幾年後，王有齡升為巡撫，上門拜訪胡雪巖，胡雪巖祝福了一下對方，也沒說什麼其他要求。但王有齡知恩圖報，處處照顧胡雪巖的生意，於是胡雪巖的生意越做越大。

從長遠的角度看，世界是公平的，沒有誰能夠一直占便宜，也沒有誰能夠一直吃虧。占便宜或吃虧就像是播種，時機一到，就會收穫果實。

在社會交往的過程中，利益得失不斷上演，在一個個複雜的利益關係中，總有受益的一方和吃虧的一方。在人們眼中，吃虧是一種貶義的、無能的、弱勢的象徵。因此，在利益關係的博弈中，人們總是千方百計地避免吃虧，費盡心機地占便宜。

真是這樣嗎？

宋代有一個叫李士衡的官員，某次出使高麗國。

出發前，副使發現船底有些漏水，但副使並沒有告訴李士衡，而是悄悄地將李士衡的行李放在底下，自己的行李放在上面，以防受潮。

航行途中，一行人突然遇到大風浪，有翻船的危險，於是船長要求將裝載的貨物全部丟進海裡。丟到一半，風雨停了，船也脫離了危險，副使檢查時才發現，被丟掉的都是擺在上層自己的東西，李士衡的東西除了受點潮以外，並沒有受到任何損失。

塞翁失馬，焉知非福？吃虧的最後結局，未必就是真正吃虧。

中國人向來有「吃虧是福」之說，但，吃虧並不是被人打了右臉，就把左臉也伸過去讓他打，吃虧講究方式和技巧，吃虧要吃明虧，有理性，不能吃啞巴虧，更不能為了息事寧人而放縱對方占你的便宜。在物質利益上少錙銖必較，在名譽地位上先人後己，在人際交往中抬舉他人，這樣子吃虧，才會占到真正的便宜。

吃虧的十大好處

- ✣消仇化怨。
- ✣積累功德。
- ✣結交朋友。
- ✣拓寬道路。
- ✣消禍免災。
- ✣播種福田。
- ✣增長壽命。
- ✣增進感情。
- ✣行善從善。
- ✣心底無悔。

6 面子是留給別人的

不尊重別人的尊嚴，就會失去自己的尊嚴。

——席勒

朱元璋當上皇帝之後，他的兒時玩伴前來拜見。

兒時玩伴一見到朱元璋就跪下磕頭，說：「不知萬歲是否還記得當年之事？微臣跟隨陛下左右，親眼見到陛下掃蕩了廬州府，攻破了罐州城，雖然狡猾的湯元帥逃了，但英勇的陛下抓住了豆將軍；後來紅孩兒擋住前路，多虧了萬歲出手才化險為夷……」

朱元璋喜笑顏開，重重封賞。

另一個兒時夥伴聽說了此事，也找上門來，一見到朱元璋就眉飛色舞、指手畫腳：「萬歲，當年我們用瓦罐煮偷來的豆子，豆子還沒煮熟你就搶著吃，結果打碎罐子，豆子和湯都灑在地上，你也不管，拚命從泥巴裡撿豆子吃，結果被草根噎到，多虧我急中生智，塞了一團菜葉進你嘴巴，你才能將草根連同菜葉吞進肚子裡……」

朱元璋惱羞成怒，下令處斬。

交際指南

愛面子，不僅要愛自己的面子，也要愛別人的面子，把別人的面子當成自己的面子來看待。如果你不給別人留面子，為難別人，他也不會給你留面子。

在生活中，應該學會尊重別人，嘴下留情，手下留情，處處給人留點面子，處處維護別人的面子，別人也會尊重你，也會給你留面子。這樣，你必定是一個受人歡迎的人，你的面子也會得到別人的維護和尊重。

我們究竟該如何處理面子問題？

1. 不要爭面子。

面子先留給別人，不爭面子才能和氣生財。如果好面子，不給對方留餘地，對方也會為了面子而和你反目。

2.不要點破對方的謊言。

現實生活中，我們會經常聽到謊言，如果謊言是善意的、不違背原則、沒有大礙，不妨糊塗一點，接受對方的謊言，甚至幫對方找到圓謊的好理由。這樣，對方會感激你，甚至因此會心生愧意，主動改正自己的錯誤。如果你當場揭穿對方，不給人留面子，反而會使對方憎恨你，使關係變得惡化。

3.讓他吹他的牛。

當別人自吹自擂時，就算你知道這不符合實際情況，但既然沒有什麼實質傷害，就不用揭穿對方。

4.幫助別人擺脫尷尬。

當別人尷尬時，盡可能幫對方擺脫尷尬，維護別人的面子，而不是落井下石。

7 懂變通就有活路

世間沒有什麼比篤實的無知和誠心誠意的愚蠢更危險。

——德國諺語

有一位非常虔誠的牧師，幾十年來照顧信徒，使命必達，始終如一。

然而天有不測風雲，突如其來的大雨一連下了半個月，大水將村裡的房子都淹沒了。渾身濕透的牧師避無可避，打著哆嗦爬上了教堂的屋頂。

這時，遠處來了一條船，船上的人對著牧師喊：「牧師，我來救你了，上船吧！」

牧師搖了搖頭：「你走吧，我是上帝虔誠的僕人，上帝會來救我的。」

沒多久，水位更高了，牧師爬到教堂頂端的十字架上。

這個時候又飛來了一架直升機，救難員大喊：「下面的人，我放下吊索，你抓緊！」

牧師還是搖頭：「上帝會來救我的！你走吧！」

沒多久，大水吞沒了牧師。

牧師上了天堂，生氣地質問上帝：「幾十年來，我一直虔誠地信奉您，您怎麼能眼睜睜看著我淹死呢？」

上帝望着他：「可憐的孩子，我曾經派過兩個人去救你，一個開船，一個開直升機，你都拒絕了。」

——交際指南——

在複雜多變的人際關係中，我們應該學會隨機應變，心眼要靈活。不能用同一種方法對待所有的人，這樣很快就會走入死路。針對人的多樣性，應對策略也應該是多樣的，這種變通，並不是滑頭善變，而是為了迎合不同人的不同需求，了解別人的需要，滿足別人的需要，最終達到良好人際關係的最終目的。死腦筋，會大大地影響做事和處理問題的效果。

戰國時期，軍事家孫臏來到魏國，魏王召集群臣，想當眾考一考孫臏的智謀。

魏王坐在寶座上，對孫臏說：「你能不能想出一個辦法，讓本王從寶座上下來？」

孫臏思索一下，說：「我沒有辦法讓您從寶座上走下來，但是微臣有辦法能讓您坐上寶座。」

魏王好奇了，走下寶座說：「本王下來了，你要怎麼讓本王坐上去？」

孫臏不疾不徐地說：「大王已經從寶座上走下來了。」

從此以後，孫臏得到了魏王的重用。

懂得變通，讓孫臏成功化解了魏王的難題，不僅證明了實力，還得到了魏王的賞識及重用，從此改變了自己的命運。

另外，要注意一點，所謂的靈活多變，絕對不是不講道德，利用一切手段，也不是奸猾、老謀深算地算計別人。處理人際關係，應該以誠信為本，再採取靈活變通的方式，不呆板、不過頭，本著適度原則即可。

為人處世，不妨給自己一些變通的空間。比如承諾時不要信誓旦旦，明知道自己有把握辦成也，要跟對方說盡力試試看。

8 小心背後樹敵

君子與君子以同道為朋；小人與小人以同利為朋。

——歐陽修

南朝梁武帝時期，太子蕭統的生母丁貴妃病故了，蕭統選好了一塊土地，決定買下來給母親作為墳地。

一個地產仲介獲知此事，想將自己手上的一塊地賣給皇室，就找到了梁武帝的親信宦官：「聽說太子想買一塊地埋葬丁貴妃，我手上有一塊地，打算賣三百萬錢，如果賣出，一百萬錢孝敬您，您看如何？」

宦官見錢眼開，極力向梁武帝推薦。最後梁武帝買下了地產仲介的土地，安葬了丁貴妃。

不久後，來了一個道士，對蕭統說皇帝買的地不利於太子，必須作法免災，否則將大禍臨頭；最後蕭統讓道士在墓側埋下了臘鵝來解咒。

蕭統有個下屬叫鮑邈之，不受蕭統重用，一直懷恨在心，聽到這件事情之後，就跑去梁武帝那裡，密告有道士作法，埋臘鵝詛咒皇上早死。

梁武帝大發雷霆，派人調查，果然挖出照臘鵝，一時間，整個皇宮天翻地覆，人心惶惶。

蕭統為人老實，心裡恐懼和慚愧，再加上梁武帝一直懷疑他，悲憤交加之下，沒過多久就病死了。

—交際指南—

俗話說得好，明槍易躲，暗箭難防。小人最擅長在人背後下手，所以，寧可得罪君子，也不可得罪小人。

君子不會玩陰招，也不會長期嫉恨一個人，他們心胸坦蕩，光明磊落；小人完全不同，得罪了小人，何時何地他都有可能出手報復，讓你躲不及、防不來。

小人也是社會的一類人，即使到了今天，在我們身邊，也常常會有一些小人出現。

日常交往中，我們應該怎樣對待小人呢？

1.事事小心謹慎。

做事前先檢查，盡量不要犯錯，即使遇到他人的非議與誹謗，也應該理智對待，以免結下仇怨。無論是工作和生活，都與周圍的人盡量和諧相處，有時難得糊塗，有時審慎對待，有時走為上策。

2.以牙還牙。

如果真的遇到小人得寸進尺，躲也躲不掉時，乾脆治治他們的囂張氣焰。小人一般害怕自己的罪行被揭露，平時搜集足夠的證據，在關鍵的時候出招，才能一招斃命。

但，這招是在躲不過去的情況下，用來教訓對方的，平時我們還是本著盡量不得罪小人的原則，來處理人際關係，以避免不必要的麻煩。

人際交往要懂得適度暴露

與人交往的過程中，適度暴露自己，可以增進彼此的感情。

此處講的暴露，並不是讓你當遛鳥俠，而是適度向對方透露自己的興趣、愛好、價值觀。這樣一來，對方會比較容易敞開心胸，進而加深彼此的了解。

要注意的是，自我暴露要適度，不然會讓對方無所適從，反而使氣氛尷尬。

9 人際中的適時施恩

幫助自己的最好方法就是去幫助別人。

——埃・哈伯德

袁世凱成立新軍，要招三個協統，最後決定舉行三次考試，每次錄取一人。

前兩次考試，袁世凱的得力助手段祺瑞都沒有被錄取，他心裡緊張不已，正在悶悶不樂的時候，忽然接到袁世凱的傳令，讓他前去拜見。

見到段祺瑞，袁世凱也沒說什麼正經事，只是閒聊，段祺瑞很不解，直到臨走前，袁世凱才偷偷塞給段祺瑞一張紙條。走出袁府，段祺瑞打開紙條一看，竟然是協統考試的考題。

於是第三次考試結束，段祺瑞順利當上了第三位協統，從此對袁世凱感恩戴德，極力回報他的恩情。

後來，袁世凱的三個協統王士珍、段祺瑞、馮國璋，都成了北洋軍閥的風雲人物，有一次因緣際會，段祺瑞談起當年袁世凱塞紙條的事情，馮國璋、王士珍不由得大笑，原來他們也都得到過袁世凱塞的紙條。

一交際指南一

用恩情來結人情，創造人脈，是一種非常好的方法，因為每個人都知道知恩圖報的道理，這種方式使人際關係更穩固，持續的時間更長久。

在施恩的過程中，應該注意以下這些要點：

1. 雪中送炭。

戰國時期，中山國國王設宴，用美味的羊湯款待國內名士。有一個叫司馬子期的人沒有收到中山國國王的邀請，因此懷恨在心，跑到楚國勸說楚王攻打中山國。

楚國國力強盛，輕而易舉攻下了中山國。中山國國王逃到國外，路上有一個人始終追隨他，不離不棄。中山國國王問他原因，他說：「當年我的父親曾經因為您的一碗羊湯而免於餓死，他臨終時囑託我，無論發生什麼事，都要竭盡全力追隨陛下，以死相報。」

同樣一碗羊湯，亡了中山國，卻救了中山國王；施恩不在乎多少，而在於別人是否真的需要。

2.施恩後要低調。

很多人施恩之後，覺得幫了別人的大忙，便到處宣揚，恨不得讓天下人都知道，甚至對被施恩的人傲慢不已。施恩是一件好事，但過分張揚，會讓對方覺得是一種負擔和債務，最後施恩不成反結仇。

3.不要將人脈變成免洗餐具。

免洗餐具，用過一次後就成為廢品；很多人經營人脈也是如此，施恩，對方償還，之後兩人就不再有任何瓜葛。這種做法，是一種缺乏戰略眼光的短視行為。

另外，當你施恩之後，不要急於得到收益，因為人際交往和市場買賣不一樣，感情的投入，是一種長時效和功能性的資源，有時候時間越長，價值就越大。

4.施恩應該委婉。

太過直接地施恩，有時會讓對方接受不了，因為對方會覺得自己的面子過不去。

5.施恩要適量。

施恩不可過量，如果對方產生心理負擔，反而會拒絕你。

6.施恩要看對象。

有些人，無論你怎麼對他好，他都不會感激，對待這樣的人，最好還是敬而遠之。

人際交往的冷熱水效應

你面前有三杯水，一杯是熱水，一杯是溫水，一杯是冷水。先喝冷水，再喝溫水，最後喝熱水，你會覺得溫水很熱，熱水燙死人；如果先喝熱水，再喝溫水，最後喝冷水，你會覺得溫水很涼，冷水很冰。

在與人相處的過程中，如果巧妙掌握冷熱水效應，遇到問題就能大事化小，小事化無，可以避免很多麻煩。

10

大和解咖啡的配方

不能用溫情征服的人，毆打也無濟於事。

——契訶夫

一七五四年，美國國父華盛頓還是個上校。當時議會選舉議員，華盛頓支持的候選人遭到威廉•佩恩的反對，不僅如此，兩人在其他問題上也產生了分歧。在某次辯論中，佩恩一怒之下，一拳將華盛頓打倒在地。

第二天，華盛頓邀請佩恩到一家酒店，佩恩心想華盛頓想要報復他，就做好了決鬥的準備。誰知道佩恩到酒店的時候，卻看到了一桌豐盛的宴席，華盛頓微笑著向他道歉，說：「如果你接受我的道歉，請你握住我的手，讓我們交個朋友吧。」

佩恩非常激動：「華盛頓先生，你是個高尚的人，我將會是你永久的追隨者。」之後，佩恩忠實而熱情地追隨著華盛頓，至死不渝。

交際指南

工作、生活，難免會與人發生摩擦，甚至成為敵人。面對敵人，應該怎樣做呢？逃避和放棄並不是明智的做法，與敵人對抗到底更是愚蠢至極，只有化敵為友，化干戈為玉帛，才是最高明的做法。

在人際交往的過程中，我們可以從以下幾點入手，將敵人轉化為朋友，讓我們的朋友圈無限擴大。

1. 將化解矛盾的訊息傳遞給對方。

冤家宜解不宜結，沒有人喜歡自己多個仇人，問題發生了，就要努力解開這個結；可是有時候你未必清楚問題的癥結在哪，這時候，不妨試著在私底下當面詢問對方：「我並不知道我哪裡得罪你了，請你告訴我好嗎？」

如果對方保持沉默，怨恨就比你想像的要深，這個時候，你要更進一步：「不論你對我有多不滿，這樣下去不能解決問題，我們必須把話說清楚才行。」

直到對方願意和你溝通，才是化解仇恨成功的第一步。

接下來，要開誠布公地分析兩方的原因。一個巴掌拍不響，反目成仇這種事情絕對和雙方都有關係，作為求和的人，你必須主動承認自己的過失，並且真誠地向對方道歉。這樣做，絕對不是懦弱，而是有度量的表現。如果對方明理，就會反思自己的過失，這樣，事情就會朝著有利的方向發展下去。

如果對方對你仇恨極深，並不接受你的歉意，你必須委婉地告訴對方，「我不想事情繼續惡化下去。」

這時不妨先讓對方冷靜一段時間，之後再找時間處理。

2.借助第三方的力量。

如果擔心兩個人當面說會尷尬、不方便，不妨借助第三個人來傳遞和平的橄欖枝。示好的訊息，從你本人嘴裡說出來和從第三個人嘴裡說出來，對方的感覺是不一樣的；你願意讓別人知道你想和解這件事情，就足以說明了你的誠意。

當你誠心向第三方表示悔意，第三方把訊息傳遞給對方之後，兩邊即使做不了朋友，也不會再是敵人，畢竟嫉恨一個人，不是什麼快樂的事情。

3.承認對方的長處。

每個人都有優點，找出對方的優點，適時稱讚對方，對方會感到很受用，即使表面上不接受。人們會比較願意接受一個認可自己長處的人；承認對方的長處，會讓你更容易交到一個好朋友。

4.告知對方他對你很重要。

如果對方知道自己在你心裡很重要，通常會很高興，會很有成就感，同時也會變得願意與你交談，解決問題。

5.用真誠感動對方。

人性本善，即使你一時得罪對方，只要你真誠待人，用實際行動表現自己求和的誠意，時間久了，再多的仇恨也會消失。

避免結仇的五個禁忌

✣ **打聽別人的私生活。**

即使你沒有特殊目的，只是出於好奇，也不要做這樣的事情。這會讓對方對你心生忌憚。

✣ **來去自由，從不告知別人。**

有些人從來不向同事交代自己的工作，甚至不和同事打招呼，這種不懂得尊重別人的人，很容易在別人的心中種下仇恨的種子。

✣ **嘴上不饒人。**

有些人喜歡鬥嘴鼓，即使無關緊要的小事也要沒理占三分，更別說得理之後有多不饒人了，非得對方敗下陣來才肯甘休。這種人與人的結仇度高達百分之兩百。

✣ **好事不出門。**

對於公司的一些好康，自己總是偷偷搶先，從不告訴別的同事，時間久了，別人會認為你是一個自私自利的人，人際關係自然惡化。

✣ **死要面子不求人。**

自己能解決的事情，大部分人並不願意給別人添麻煩；但如果事事不求人，反而會冷落了別人，讓別人覺得你不好相處。在適當的時候求助，會讓人感受到你的信任，使彼此間的關係更加融洽。

5 CHAPTER

聰明玩轉職場

職場就像一盤棋，四面楚歌，險象環生，一不留意就變成棄卒。
不想無聲無息被犧牲，唯有透視職場潛規則，鋪排心計，才能開拓好職程。
玩轉職場，讓你步步皆青雲，左右都逢源。

1 識時務者占盡先機

明智的人總是能抓住機遇，把它變成美好的未來。

——托・富勒

戰國時代。

蘇秦來到秦國，先後十次勸說秦惠文王實行「連橫」政策：誘騙部分弱國與秦國合作，進攻其他弱國，達到各個擊破、統一天下的目的，都遭到了秦惠文王的拒絕。時間久了，蘇秦的錢用光了，不得不回到家裡。

回到家的時候，蘇秦蓬頭垢面，身子枯瘦，皮膚黧黑，家人都不想理他，他的妻子埋頭織布，他的嫂子煮飯也沒有他的份，就連他的父母都在背後嘲諷他：「不務正業，整天遊說別人，沒有前途！」

聽到這些事情，蘇秦長嘆一聲，開始閉門苦讀，頭懸樑、錐刺骨，一心研究。

一年之後，他再次走出家門，來到趙國，向趙王提出「合縱」的政策：聯合韓、魏等五個小國，共同對付秦國。

這個政策深得趙王欣賞，他封蘇秦為武安君，拜他為相國，獎賞他百輛車馬和大量金銀綢緞，讓他去遊說其他各國。

當遊說的車隊路過蘇秦家的時候，蘇秦下車一看，房子乾淨，家宴豐盛，他的妻子不敢看他，頭低低的，他的嫂子更是跪在地上，不停叩拜。

想起當年的場景，蘇秦感慨地對嫂子說：「當年我連飯都沒得吃，嫂子現在為什麼如此對待我？」

嫂子倒也直爽，回答說：「你和當年已經大不相同，現在你是相國，身分顯貴，有的是金銀珠寶，這樣我們全家人都體面啊！」

交際指南

無論多麼偉大的人物，都善於認清形勢，調整步調，與社會上的各種人搞好關係，最後成就一番大事業。

這裡所說的識時務，並不是一味迎合別人，即使是別人錯了，也要隨著別人一起錯；真正識時務的人，要懂得蓄勢待發、厚積薄發。

蘇秦由失敗到成功，就是從「不通時勢」到「通曉時勢」的轉變過程。最初，他沒有真正通曉時勢，只想憑著自己的口舌說服秦王，結果當然失敗了；後來他埋頭研究，最終通曉時勢，進而成功地說服了趙王，成為歷史上著名的縱橫家。

與蘇秦相比，沈萬三就沒有那麼幸運了。

那時候，明朝剛建立不久，財政困難，沈萬三是個富賈一方的商人，想趁著這個機會討好皇帝朱元璋，於是賣力地向官府輸銀納糧。朱元璋相當開心，賞了他一個官做，並且讓他自籌錢款，修建洪武門到西門一段的城牆。

為了繼續討好朱元璋，沈萬三提出由他出錢犒賞士兵，沒想到朱元璋大發雷霆，說：「我有百萬大軍，你一個人能犒勞得了嗎？」

沈萬三說：「我能夠犒勞每位士兵一兩銀子。」

朱元璋更加惱怒了，找了個藉口說沈萬三蓄意謀反，沒收所有家產，發配到雲南，沈萬三在發配的路上得病而死。

沈萬三為什麼惹惱朱元璋？

他犯的最大錯誤，就是在於沒有認清局勢。

身為一個剛剛建國的皇帝，朱元璋最在乎的是什麼？當然是皇位與權勢。而皇位與權勢，與軍隊是脫不了關係的。朱元璋怎麼可能允許沈萬三用錢砸他的軍隊，收買人心？

在現實生活中，無論是個人計畫，公司決策，國家方針，都要相時而動，應時而變。如果事情發生變化，就要對原本的計畫做出調整，甚至是重新計畫。

不輕易放棄是一種美德；審時度勢則是讓你活到最後的方式。

有時候，後退一步，未必就是真正的失敗，而是往前大跨步的準備動作。

自古至今，成功人士都懂得在關鍵時刻韜光養晦，這並不是他們貪生怕死，而是他們在等待一個一飛沖天的最佳機會。

2 細膩見涵養

天下難事，必做於易；天下大事，必做於細。

——老子

在美國一家知名公司的招聘現場，很多應徵者緊張地等待面試。

這個時候，輪到一個年輕人面試，走進主管辦公室之前，年輕人撿起地上的一張紙屑，隨手扔進了旁邊的垃圾桶。

面試結束後，公司總裁親自告訴年輕人他被錄用了。

年輕人不敢相信自己的耳朵，因為在這次面試中，有太多太多比他優秀的人才，為什麼會是他？

「總裁先生，方便請教一下我被錄取的原因？」

總裁微微一笑：「你通過了本公司最關鍵的考驗——撿起我讓人放在門口的紙屑，並把它放進了垃圾桶。」

很多人都看到了紙屑，卻沒想到要把它撿起來。在總裁的眼裡，一個小細節，卻能夠看出一個人的做事風格。

年輕人的名字是亨利•福特，他為美國汽車工業做出了巨大貢獻，被人們尊稱為「美國汽車工業之父」。

—交際指南—

任何一件事情，都有其中不起眼的細小部分。然而，細小不代表不重要，很多事情的成敗，往往就在細節之中。仔細一分就得勝一分，粗心一分就失敗一分，很多成功者，並不是有多麼卓越的才能，而是因為謹小慎微，處處仔細。

成功學告訴我們，不要忽視細節，在人際交往中尤其是這樣。很多時候，一個細節決定了你被淘汰出局或者是成功交往的開始。

在生活中，需要注重細節的地方有很多。

比如拜訪別人要事先約好，按時赴約；作客應該衣著整潔自然；不要在別人家裡大聲喧譁或來回走動；作客要帶著禮物；在別人家裡不要逗留太久；與人談話要端正坐姿，不能有不雅動作；表情要自然微笑；雙腿自然放好……

細節見涵養，無論生活還是交際，我們都應該時時處處注意自己的行為，這樣才能給人留下好印象，使人更加願意接受自己。

以下四個交際細節，可以讓你在複雜的交際中左右逢源：

1.留意對方細微的變化。

當你看到對方的面容、穿著、身體有了細微的變化，你指出來，適當地稱讚或關心一下，「你今天的髮夾很特別！」對方會從心裡感到高興。這也是縮短與對方距離的好方式。

2.稱讚少有人知的小優點。

每個人都有優點，也樂於被其他人知道，然而有些優點隱藏比較深，比如能做很多工藝品、能煎出一道色香味俱全的蚵仔煎、擅長唱京劇等等。被人稱讚這些大部分人不知道的優點，會讓當事人有一種驚喜的感覺。

3.留意對方隨口說的話。

不要小看別人隨口說的話，如果你夠細心，裡面有大文章可做。在關鍵時刻，由你嘴裡幫對方說出來，對方會覺得你是一個非常細心、很關注尊敬他的人，這樣對方就會對你另眼相看了。

4. 妝點自己的交際細節。

妝點自己的交際細節，能夠給人留下更多的好印象。開心時微微揚起眉梢，嚴肅時微微睜大眼睛，疑問時則坦誠提出，用專注的眼神，認真的聆聽，來表達你的真誠與認真；用沉著冷靜的氣度來表達你的穩重；用準時赴約來表達你的守信；用筆記的形式來表達你對事情的重視等等。

十個交際不要犯的細節錯誤

- 不要打擾正在忙的人。
- 不說別人閒話。
- 不要喧賓奪主，也不要畏縮不前。
- 不要有過重的好奇心。
- 平時注意積累人情，不要臨時抱佛腳。
- 衣著得體乾淨，不要過於隨意，也不要過於華麗。
- 不要目無長幼尊卑。
- 不要不辭而別。
- 不要毫無掩飾地咳嗽、打嗝。
- 不要以自我為中心。

3 對手永遠是可敬的

對手就是我們的幫手，因為他們強健了我們的筋骨，磨練了我們的技巧。

——艾德蒙・伯克

四月一日是國際愛鳥日，芬蘭維多利亞國家公園放生了一隻在籠子裡關了四年的禿鷹。沒兩天，一位遊客在公園附近的一片小樹林中發現了禿鷹的屍體，解剖後發現，禿鷹死於饑餓。

為什麼可以和獵豹等大型肉食動物爭食的禿鷹，會淪落到如此下場？

在非洲奧蘭治河兩岸，同一種羚羊，卻有著巨大的差異。東岸的羚羊不僅繁殖能力比較強，奔跑速度也比西岸的羚羊快很多。

動物學家做了實驗，調換了十隻兩岸的羚羊到對岸生活，一年之後，從東岸到西岸生活的羚羊增加到了十四隻；西岸到東岸的羚羊則只剩下三隻。

動物學家研究之後發現，原來東岸有狼群，天敵的存在，讓東岸羚羊的生存能力和奔跑能力越來越強，而西岸的羚羊長時間生活在沒有天敵的環境中，才造成了這樣的結果。

—交際指南—

在生活中遇到對手，並不是壞事，從某種程度上來說，反而是一件好事，因為對手會讓我們時刻保持警惕，不敢有絲毫懈怠，會不斷努力前進。如果我們生活在沒有對手的環境中，就會失去前進的動力，使自身的能力得不到發揮，最後越來越平庸。

很多生意人，遇到同行，要嘛死打價格戰，要嘛搞不正當競爭，不僅損害了對方的利益，也損害了自己的利益，最後兩敗俱傷。當然，也有商人不會這樣，當競爭對手的價格比自己低時，商人會努力改進自己，以求得更好的發展。

在人際交往中，請你對敵人保持尊敬，勝利時感謝對方給你機會體驗，失敗時感謝對方讓你發現了自己的不足之處。

其實，沒有永遠的對手，所謂的對手是相對的，是某一段時間裡的關係，過了這個階段，對方很可能就成了你的朋友。

人際關係中的對手，我們不僅要尊重，而且要將其視為自己的良師。

化解衝突的絕招

✢ **場合要合適。**

化解衝突有時候需要合適的場合。最好私下只有你們兩個人在場，透過交流討論，對剛才引起衝突的話題再做一次探討。

✢ **專注傾聽。**

在別人陳述意見的時候不要打斷對方，應該注意傾聽對方談話的內容。

✢ **對事不對人。**

談論事情時，絕不牽扯到對方的人格問題，以免扯出一大堆恩怨。

✢ **主動承認自己的錯誤。**

矛盾通常是由雙方引起的，一味指責對方，並不利於解決問題。主動向對方承認自己的錯誤，對方會比較容易自我反省。

✢ **求助外力。**

有些矛盾，透過自己未必能夠解決，這個時候，尋找第三方或者更多的人調解，為彼此找到一個解決問題的途徑。

✣寬容大度，不揭人短。

對於有些事情，是非並不重要，重要的是不要加深彼此的矛盾，所以要有一顆大方的心，不要揭人短處。

4 搞定直屬上司

一間公司想要發展迅速，必須聘請好的人才，尤其是聰明的人才。

——比爾．蓋茲

周文王要推翻殷商，四處招兵買馬，訪請能人。

某天，下屬回報在渭水邊遇到了用怪方法釣魚的怪老頭姜子牙。周文王派了士兵想把人叫來，但姜子牙沒理士兵，只顧著釣魚和自言自語：「怎麼魚不上鉤，都是蝦來胡鬧？」

聽了士兵的稟報後，周文王改派一名大臣去請，可是姜子牙依然不理大臣，繼續自言自語：「怎麼大魚不上鉤，都是小魚來胡鬧？」

於是周文王帶著文武百官浩浩蕩蕩親自拜訪姜子牙。見到周文王，姜子牙終於不釣魚了，他問：「大王，我該如何進京？」

周文王豪邁揮手：「騎馬、坐轎，隨你挑！」

姜子牙點點頭，說：「我想坐大王的車子。」

所有大臣都愣了，這輦只有帝王才能坐，你算老幾？可是周文王想都沒想就答應了。

姜子牙又說，「我坐輦，大王親自拉。」

文官武將更吃驚了，這老頭根本無法無天！可是周文王仍舊爽快地答應了。

於是姜子牙坐上輦，周文王拉著，開始一步一步向前走。問題是周文王平常肩不挑擔、手不提籃，哪能拉得動重輦？拉一下停兩下歇三下，沒多久，實在拉不動了，對姜子牙說：「老先生，我實在是心有餘而力不足了！」

姜子牙懶洋洋地走下輦，說：「大王拉我走了八百七十三步，我保大王的子孫坐八百七十三年的天下。」

周文王一聽，後悔了，連忙說：「你上輦，我繼續拉！」

姜子牙搖頭：「來不及了！」

後來，姜子牙輔佐周文王興邦立國，還幫周文王的兒子武王姬發滅掉商朝，被武王封於齊地，實現了自己建功立業的願望。

交際指南

在一間公司，除了要了解公司的規章制度、企業文化，還有一件被很多人忽略的重要事情：了解你的頂頭上司。

頂頭上司的為人喜好，將決定你在這個公司的為人處世。

你的上司是一個擁有宏觀戰略眼光的人，還是一個事必躬親的人？你的上司沉穩還是活潑？你的上司是一個大而化之的人，還是一個非常謹慎細心的人？你的上司重過程還是重結果？你的上司是一個工作狂，還是一個興趣廣泛、懂得享受生活的人？你的上司喜歡喝茶還是喝咖啡？你的上司節儉樸素還是奢華？

總之，一定要認真了解自己的頂頭上司，然後調整自己的人脈策略，你的事業才會順利發展。

在日常生活中，有幾種方法可以讓你能夠迅速了解你的上司，並贏得對方的好感：

1. 看準上司的臉色行事。

將上司的臉色當成公司的天氣預報，天黑黑的時候請盡量避開雷區，隨機應變，不要撞到槍口上。

2.了解上司的價值觀。

價值觀決定了一個人的目標、做事方式和風格。只有了解上司的價值觀，才能掌握大致的方向和原則。

3.了解上司對你的期望。

上司會對他管轄的每一個職位有一個期望，了解他的期望之後，你就有努力的方向和目標。

4.了解上司的壓力和處理事情的方法。

上司要負責很多工作，了解上司的壓力所在，以及處理事情的方法後，你就可以和上司有效地溝通，這樣能夠大幅提高你的工作效率。

要注意的是，對上司投其所好，並不代表曲意奉承，失去自己的原則。注意，大部分的上司也不喜歡這樣的人。

另外，在工作中，不僅要對上司用心，對待自己的同事也應該處理好各種關係，因為日常的工作，大部分還是要與他們合作才能完成。

對待同事，也要抓住對方的喜好，了解他們每一個人的脾氣個性，與他們靈活相處，這樣才能受人歡迎。

職場人際關係的四句箴言

箴言一：面對得失榮辱，把自己看成別人。

箴言二：處理事情，把別人看成自己。

箴言三：聽到別人的隱私，把別人看成別人。

箴言四：面對尊嚴和原則時，把自己看成自己。

5 關心送到心坎裡

將合適的人請上車，不合適的人請下車。

——詹姆斯・柯林斯

戰國時代，有一位很有名的將軍吳起，他不僅能征善戰，還非常愛惜自己的下屬，他和下級士兵穿一樣的軍服，吃一樣的飯食，睡覺的時候不特別鋪席，行軍的時候也不乘坐車輦。

有一次，吳起看到一位士兵因為腫瘤而痛苦難忍，他毫不猶豫地用嘴為士兵吸出了腫瘤裡的膿血，這個舉動讓每個士兵感動不已。

不久之後，這件事情被士兵的母親知道了，老太太痛哭失聲。一旁的人不懂了：「兒子得到吳起將軍垂愛，老太太為什麼要痛哭呢？」老太太抽泣着說：「吳起將軍確實愛兵如子，我丈夫當年就是因為如此，誓死效忠，最後戰死沙場……如今我的兒子也是這樣，難道老天也要亡我的兒子嗎？」

士為知己者死，吳起的行為贏得了士兵的擁護和支持，所以吳起攻無不克、戰無不勝。

但在現代社會，大部分的管理者都知道人才是公司的核心競爭力，所以他們對待下屬，不僅會放下等級差異，更常常搏感情以獲得更大的效果。

讓員工認同你，讓員工甘願為你工作，這確實是管理上的真正勝利；但，實際操作難免會出現各式各樣的問題，比如表面上體貼關心下屬，卻永遠只是出一張嘴，不見行動；將關心下屬與物質施捨畫上等號；對下屬有求必應；關心下屬時帶有明顯的功利色彩……

關心下屬，最好要掌握時機，運用技巧，收效更佳。

1.從下屬的真正需求入手。

和諧美滿的生活是良好工作的保證，當員工的家庭出了問題需要幫助時，作為上司應該在自己的能力範圍內，盡可能地幫助下屬。總之，上司應該想員工之所想，急員工之所急，真正為員工做些實事。

2.關心下屬的身體健康。

身體是革命的本錢，如果下屬的身體健康出了問題，就無法保證正常工作。所以，當發現下屬健康不佳時，應及時讓員工休息，而不應該一味地將員工當成工作機器。

關心員工健康非常重要，也可以在員工的心目中建立好形象，但要注意，要一視同仁，不應該厚此薄彼，否則容易造成下屬的心理不平衡。

3.記住每一個下屬的生日。

很多人都重視生日，就算自己不重視，也會有其他人重視並且幫忙慶祝。如果上司能夠把握下屬生日這個機會，送點小禮物，或者生日蛋糕，下屬肯定會很有感覺。另外，上司光臨自己的生日宴會，這麼有面子的事情，下屬肯定會暗暗得意好一陣子，這無疑也會使下屬更努力地工作。

人的需求是多方面的，作為上司應該了解下屬最迫切的需求，金錢、情感、地位還是其他東西，在下屬最需要的時候，真誠地滿足其需求，將會收到事半功倍的效果。

下屬感受到上司的關心，就會以更深的真誠來回報，這就是成功管理帶來的好處。

6 棒子與胡蘿蔔

人才是利潤最高的商品，能夠經營好人才的企業，才是最終的大贏家。

——柳傳志

南宋理宗時，衢州江山縣有一群人想占山為寇，商量好了暴動的日期和地點。

沒想到跑腿傳遞消息的人被官府抓住了，知州陳塤詳細了解這些人的情況後，就派人送了酒肉過去，並且附帶口信。

「你們不做良民做草寇，不去耕田玩刀槍，有什麼好處？請你們好吃好喝一頓，希望諸位自重，如果不聽勸，本官也只能請你們安心上路了。」

準備暴動的人得知密謀已洩，官府有了準備，只好紛紛前去自首。

接著，陳塤又下令：獻出兵器的自首者一律予以重賞。

於是投奔官府的人越來越多，陳塤未發一兵一卒，從容的平息了這場即將發生的暴動。

交際指南

明成祖曾經說過這樣的一段話。

「作為一國之君，用人應該小心謹慎，絕不能馬馬虎虎，必須讓眾人信服。如果錄用一個人，天下的人都知道他為善，那麼誰還不肯為善呢？如果懲罰一個人，天下的人都知道他為惡，那麼誰還敢為惡呢？」

自古以來，無論是優秀的統治者還是企業管理者，他們在管理下屬的時候，恩威並施都是屢試不爽的手段之一。

恩威並施，一方面可以使下屬因為你對他們的恩情與照顧而感激你，願意為你效勞；另一方面，下屬在面對你的威權時也會心生懼意。

這種敬重與害怕共存的感覺，其實是一種成功管理的體現。

在實際管理的過程中，恩威並施的手段有很多，也非常靈活，比如軟硬兼施、賞罰分明等等；一個懂得恩威並施的管理者，一定是一個好演員，他知道什麼情況應該唱白臉，什麼情況應該唱黑臉，他能夠有效地控制下屬的情緒，讓下屬能夠心甘情願地認真工作。

值得注意的是，作為一個管理者，對每一個員工都要有充足的了解和掌控能力，才能掌握好恩威並施的尺度與方式。

7 抱怨處理馬上做

人事關係在社會上是一種資本，若要它經久，就不得不節用。

——托爾斯泰

漢朝初立，有一天，張良找到了劉邦，說：「陛下，不少將領在商量著謀反。」

劉邦大驚：「天下才剛剛平定，他們卻要謀反，為什麼？」

張良說道：「陛下，您從平民走到今天登基，多虧了將領們的鼎力相助。可是，您得了天下之後，冊封的功臣大部分是您的親信，所以沒有被封賞的人開始擔心了，他們害怕您兔死狗烹，鳥盡弓藏，找藉口將他們殺掉。」

劉邦心驚膽戰，問：「那應該如何是好？」

張良問：「陛下平時最討厭的將領是誰？」

劉邦想了想，說：「雍齒是個反覆無常的敗類，我早就想殺掉他了。」

張良說：「那就先封雍齒為侯吧。」

劉邦當即封雍齒為什邡肅侯，食邑兩千五百戶。聽說了這件事情，其餘的將領們才鬆了一口氣，謀反的計畫也不攻自破了。

交際指南

作為管理者，平時一定要注意下屬的情緒。當他們牢騷滿腹時，管理者應該分析原因，及時透過談心、調薪、調職等方式積極解決，下屬心平氣和，工作效率才高。

至於那些看不到自己的缺點，一味埋怨公司和上級的下屬，一定要讓他們知道自己的過錯所在。公司可以制定獎勵晉升評判標準，讓每個員工清楚了解這些標準，同時選出一些做得比較好的員工，作為其他員工的榜樣。只有這樣，才能讓這些愛發牢騷的人知道，不提升自己，發牢騷是沒有用的。

一個商人想了解馬鈴薯的市場行情，就派了兩個下屬去調查。

沒多久，第一個下屬回來了，他對商人抱怨天氣酷熱，非常辛苦，然後回報今天馬鈴薯的市場價格，說完就去休息了。

過了好一陣子，第二個下屬才大汗淋漓地跑了回來，他說：「今天馬鈴薯是每顆二十元左右，昨天每顆二十二元，看樣子，今天應該是最近價錢最低的時候了，明天肯定會漲。」

商人思考了一下，就叫下屬去市場買一些回來，下屬說：「馬鈴薯商人正在門口等。」

隔天，商人辭退了第一個下屬。

8 透析職務設計也是人際課題

用人不在於如何減少人的短處，而在於如何發揮人的長處。

——彼得・杜拉克

楚漢相爭的時候，魏無知向劉邦推薦了陳平。

初次見面，劉邦與陳平談得很投機，於是讓陳平留在身邊擔任都尉，監護三軍將校。

這個舉動引起其他將領的不滿，他們對劉邦說：「陳平未必有真才實學，聽說他與自己嫂子私通，還先後歸順過許多人。自從您用了陳平以後，他收受賄賂，給得多的將領才能得到好評；給得少的什麼都沒有。陳平根本是一個亂臣賊子，大王明鑒！」

劉邦一聽，一肚子火，心裡也有了疑惑，立刻叫來魏無知，嚴厲地責備他推薦人才之前沒有好好調查一番。

魏無知說：「大王，我之所以舉薦陳平，正是因為他的才能，而非他的品行。才德雙全的人很少，有德無才的人也不能擔當幫助大王打江山的重任。陳平與其嫂私通，收受賄賂，實在不重要；重要的是他能夠為大王打多少勝仗，立下多少功勞。」

劉邦想了想，私下對陳平說：「聽說你先後侍奉魏王、項王，如今又來幫助我，我該怎麼相信你？聽說你還收了很多賄賂？」

陳平說：「魏王固執己見，不肯採納我的建議；項王重用親信；我來投靠您，是因為我聽說您善用人才。收受賄賂，是因為我需要一筆錢來打仗，這些錢被我用封條封著，大王若不信，可以到我府上去查。如果大王依然不能信任我，請您恩准我歸隱山林，那些賄賂，我全部退回，一分不少。」

聽完陳平的話，劉邦不僅消除了疑慮，還重重獎賞了陳平，後來陳平也為劉邦出謀劃策，最終幫劉邦奪取了天下。

—交際指南—

用人的關鍵，在於發現他的一技之長，並盡量挖掘他的潛力。因為每一個團隊都是各類人才的聚合體，大家一起同心協力，揚長避短，才會是一個健康有活力的團隊。

作為優秀的管理者，應該將不同的人才運用得恰到好處，規避下屬的缺點，發揚下屬的長處。認真謹慎的下屬可以去做財務或品管；喜歡出鋒頭的下屬可以去做銷售或者公關；處事圓滑的下屬可以去協調工作。

人無完人，作為管理者，不應該只看到下屬的缺點，更應該發現下屬的優點。另外，很多管理者會單憑自己的主觀判斷來斷定下屬的長處，可是一個人的才能在不同的階段與職位上，會有不同的變化，如果管理者不能靈活運用，就會導致人才的浪費。

至於如何用人之長，可以參照以下建議：

1. 職務的設計應該適合普通大眾，而不應該只針對才能特別出眾的人。
2. 職務設計不但要能夠帶動每一個員工的積極性，又能讓每一個員工的能力得到充分的發揮。
3. 先考慮人員的特長，再考慮職務的要求。
4. 盡用他人之長，包容他人之短。

這四個原則中，一、二原則說的是職務設計的問題，三、四原則說的是能力評估的問題。

任何一個職位，需要的不是全能型的員工，而是適合這個職位的專才，這一點，是每一個管理者應該深入思考的問題。只有真正做到職務和人員能力的合理配置，才能做到人盡其才。

9 學習與敵共舞

跟沒有什麼話好說的人在一起時，反而容易說得更多。

——帕菲薩

宋朝王安石變法，蘇軾不同意王安石的見解，兩個人變成了政敵。

沒過多久，王安石被罷免，蘇軾則是發現了新法對百姓的好處，逐漸淡化了對王安石的敵對情緒，開始欣賞對方的才識。

沒過多久，蘇軾因為作詩誹謗朝廷入獄，皇帝要處他以重罪，聽到這個消息，王安石連夜寫信給宋神宗，裡面寫著一句話：「哪有人在這樣的太平盛世處死才子呢？」

宋神宗考慮了一下，從輕發落，將蘇軾貶為黃州團練副使。

後來，蘇軾移官汝州，順路去江寧拜訪隱居的王安石，王安石騎著毛驢來接他。

蘇軾穿著平民的衣服，笑著說：「草民蘇軾求見大丞相來了。」

王安石笑著回答：「禮儀難道是為我們這些人設的嗎？」

後來兩人同遊鍾山，對彼此有分歧的話題避過不談，逍遙自在地談禪說佛，非常快樂。

交際指南

與自己喜歡的人相處不難，但要與自己不喜歡的人相處，需要真正的涵養和胸懷。王安石與蘇軾於公雖然勢同水火，於私卻可以雪中送炭，這種公私分明的處事方式，是一種高明的社交技巧。

人難免會遇到自己不喜歡的人，八卦的同事，囉嗦的師長、小氣的上司等等。當自己的喜好和事業衝突時，不妨試試下列幾個方法。

1.寬容對待別人。

吃虧、委屈，學會忍讓；寬容對待他人，不要斤斤計較，養成隨和的性格，別人就會願意親近你。

2.學會從別人的角度考慮問題。

多站在對方的角度考慮問題，從對方的實際利益出發。

3.勇於了解對方。

對於自己不喜歡的人，應該盡量去發現對方的優點。

4.學會尊重別人。

無論你喜歡或者不喜歡，都應該尊重對方。

5.向對方表達自己的善意。

在關係不好的時候，你應該主動向對方表示善意，不要為了面子，丟掉人際資源。

職場中人際交往的四大禁忌

- **亂發脾氣：**在人際交往中，應該控制自己的脾氣，以平和的態度接人待物。
- **粗魯無禮：**待人接物如果粗枝大葉，毫無講究，別人會認為你缺乏修養，而拒絕與你深入交往。
- **說話不留餘地：**說話一定要給自己留餘地，不要把話說死，以免讓自己陷入進退兩難的境地。
- **流言蜚語：**不要幸災樂禍，更不要把別人的私事當作聊天的內容。

10 化解職場冷暴力

合作是一切團隊繁榮的根本。

——大衛・史提爾

小陳很不開心。

昨天，他收到老闆的職務與辦公室調動通知，小陳原本是行政經理，調動之後得搬去另外一個辦公室擔任企劃經理。

調動並不是問題，問題是，之前小陳就跟企劃部的林總經理鬧得很不愉快，小陳幾次拋出求和的橄欖枝，林總經理卻一直把小陳當成隱形人。

辦公室裡面，誰對誰錯很難說清楚講明白，但小陳還是決定要重新開始，再次試圖修復與林總經理的關係。

擔任企劃經理的第一天，小陳走進企劃部的辦公室，發現林總經理把他的位子安排在廁所門口。

小陳心裡苦笑兩聲，對企劃部的其他同事打了個招呼：「大家早安！」

沉默，死一樣的沉默。幾個企劃部的同事甚至連頭都沒有抬，只是做自己的事情……

交際指南

在職場中，小陳遇到的這種現象十分常見，它被稱為「職場冷暴力」，也就是用非暴力的方式刺激對方，比如冷漠、孤立、陷害、精神折磨，強迫別人主動辭職等等。

職場冷暴力，其實是人際關係扭曲、不健康的體現，專家研究發現，在現代職場中因為競爭越來越激烈，工作壓力越來越大，這成為人際關係不健康的導火線。

大部分的職場冷暴力，會發生在上對下的關係中，多半是上級憑藉權勢欺壓下級，這也是一種權力的不正當應用。在這種關係下，受傷最重的往往是下屬，當然，這種情況在同事間也會發生。

職場冷暴力，表面上看起來平靜，實際上卻是暗流湧動。

調查結果顯示，在職場冷暴力之中，只有不到兩成的人，會積極主動地解決問題；大約五成的人會沉默以對，但他們工作的效率會受到嚴重影響；大約三成的人則會針鋒相對，以牙還牙。

隨著社會壓力的增大，職場冷暴力會越來越嚴重，如何才能杜絕這種現象？從根本上講，應該從施暴者開始調整，解鈴還須繫鈴人，上級與下級間的矛盾並非敵我矛盾，而是內部矛盾，是可以調整的。

另外，管理者應該多學習一些正確的管理方式，只有正確的管理，才能減少甚至杜絕職場冷暴力這種畸形的職場人際關係。

當我們遭遇職場冷暴力時，我們無法外求別人，唯一的方法就是尋求減壓的方法，以下是幾個減壓的小建議：

1. 制定良好的作息時間表，適當的運動和充足的睡眠有助於抵抗壓力。
2. 多吃綠色食物，吃素可以使人體的新陳代謝系統變得輕鬆，有利於抗壓與紓壓。
3. 當心情開始抑鬱時，不妨尋求一些心理療法，來疏導長期積聚的情緒。
4. 如果實在無法忍受下去，乾脆申請調離部門或辭職，讓自己脫離這個不健康的工作環境吧。

與同事相處的藝術

✣職場中人人平等。不論是上級還是下級，新手還是老手，請記住，你與別人是平等的，不要自大，也無須自卑。

✣同事和，則職場興。和諧的人際關係是你一帆風順的保障。如果你整天擺著一副苦瓜臉，或者自以為是的臉，沒有人會買你的帳。

✣不要太認真看待升遷加薪這件事情，想要升職加薪，請把心思用在努力工作上。

✣真誠待人。真誠是化解一切誤解尷尬的良藥。

✣小心小人。害人之心不可有，防人之心不可無，尤其是自己的私生活，一定要注意，小心，小心，小人就在你身邊。

✣將每一個人當作好人，但心裡要明白，並不是每一個人都是好人。

CHAPTER 6

幸福人際關鍵字

讓人際交往更幸福的關鍵字就是「自我管理」。

自我人生管理好，人際就是彩色的；自我人生管理不好，人際就是黑白的。

成功建立個人品牌，就從自我人生管理起。

1 許自己一個誠信人生

信用是無形的力量，也是無形的財富。

——松下幸之助

有一個商人在過河時翻了船，他大聲呼救：「誰把我救起來，我給他一百兩黃金！」

在河裡打魚的漁夫將商人救到船上，商人卻只給了漁夫十兩黃金，說：「十兩黃金對一個打魚的人而言，已經不少了，你一輩子才賺幾個十兩黃金？」

漁夫憤憤而去。

過了一段時間，商人又在這條河裡翻了船，一樣開出一百兩黃金的救命錢。

有人要去救商人，漁夫阻止他，說：「這個人上次不守信用。」

最後，商人就這樣活活淹死了。

交際指南

誠信，是一個人在社會中的一種重要資本，一個講誠信的人，必然會得到很多人的信任與幫助，必然會擁有很多朋友；反之，不講誠信的人，不斷透支自己的信譽，破壞自己的名聲，最後只會毀掉自己的前途。

李嘉誠在談到他的成功經驗時，說：「人的一生，最重要的是守信，我現在就算有十倍的資金，也不足以應付那麼多的生意，而且很多是別人找我的，這些都是我為人守信的結果。」

誠信的人，將因此擁有更多人脈，更多成功的機會，進而受益無窮。

在人際交往中，我們往往會許諾一些事情，但是，支票開出去，如果日後兌現不了，就會導致自己的信任危機，進而影響人與人之間的關係。

違背了承諾就是失信，可能短時間你會因此得到一些小利益，殊不知自己卻損失了大的利益，因此，做出承諾的時候，必須考慮到自己有沒有能力實現諾言。

隨意向別人許諾，一時間可以滿足對方，但慷慨帶來的苦果，遲早要由你償還的。

朱熹說過：「欺人亦是自欺，此又是自欺之甚者。」

在必須要做出承諾的情況下，先考慮一下自己實際的情況，有把握做到再承諾；如果做不到，寧可拒絕對方也不能礙於面子硬著頭皮去做。

對於已經承諾的事情，我們應該時時刻刻警醒自己，盡量在承諾的時限內做到，並將每一次承諾看成是建立信譽的良好機會。

西班牙諺語說：「諾言快似駿馬，但事實可以追上它。」

其實，承諾是有技巧的，學會給自己留一定的餘地，畢竟事情變化太快，可能承諾時有實現的條件，沒過多久就不行了。

人際交往的初始和新近效應

第一次交往中給對方的印象，會在對方的頭腦中占據主導地位，我們常說「給人留下一個好印象」，就是指初始效應。

因此，在交友、招聘、求職等社交活動中，我們可以利用這種效應，把最好的形象展現出來，為以後的交流打下良好的基礎。

當然，這只是暫時的，更深層次的交往，需要你加強談吐、舉止、修養、禮節等各方面的素質，否則會導致負面影響，也就是新近效應。

與初始效應相反，新近效應是指交往中最後一次見面給人留下的印象，這個印象在對方的腦海中也會存留很長一段時間。

多年不見的朋友，在腦海中印象最深的，就是臨別時的情景；一個朋友總是讓你生氣，可是談起生氣的原因，大概只能說上兩、三條，這也是一種新近效應的表現。

利用新近效應，在與朋友分別時給，他一個Perfect Ending，你的美好形象會在他的心中存在很久很久。

2 你用什麼器量給人

誰敢說自己永遠不需要別人的寬容？

——屠格涅夫

有一次，劉寬趕著自家的牛車外出辦事，在路上，一個人盯著劉寬的牛看了半天，說劉寬的牛是自己家走失的牛。

「你這個小賊，偷了別人家的牛，還膽大包天地將牛趕出來！」

劉寬也沒說什麼，下了牛車把牛交給對方，自己拉著車回家了。

過了幾天，那個人牽著劉寬的牛找上門，滿臉羞慚，賠禮道歉：「對不起！對不起！我家的牛已經找到了。我冤枉了你，實在慚愧。」

劉寬絲毫沒有責怪這個人，反而和氣地說：「世間相似的事物很多，難免會誤認，這不是你的錯，千萬不要介意。」

人們從來沒有見過劉寬發脾氣，與劉寬一起生活多年的劉夫人，也感到不可思議，就想了一個辦法，來試探劉寬的度量有多大。

某天早上，劉寬穿戴整齊正準備出門，劉夫人讓婢女端了一碗熱湯，故意潑到劉寬的身上，劉寬沒有說什麼，先問婢女：「有沒有燙到手？」

丈夫的寬宏度量竟然達到了這種程度，夫人不禁大為折服。

一交際指南一

聖經上有句話：「你用什麼器量給人，別人也用什麼器量你。」

在現實生活中，有些人常常對一些小事情爭得不亦樂乎，尤其涉及利益的時候，從來不肯退讓半步，甚至為此大打出手，反目成仇。

一九八三年，美國總統雷根遭到約翰•欣克利的槍擊，子彈擊中車門，射進雷根的第七根肋骨，離雷根的心臟只差一英寸。

一時間，美國人民群情激憤，然而雷根卻對家人說：「我躺在醫院裡的時候，心想：假如我將不久於人世，那我該多花點時間祈禱，不只為我自己，還為了辛克利，如果上帝愛我，祂也該本著既往不咎的精神去愛辛克利。」

雷根原諒了差點害死他的辛克利，這種寬容的胸懷，贏得了美國人民的愛戴和支持，這也是他日後能夠以優勢獲得連任的一個重要原因。

在人際交往中，想要和諧相處，就必須掌握相容原則。

相容是指人際交往中的心理相容，也就是人與人之間融洽關係的起因，包涵、寬容、忍讓，遇事多為別人著想，即使別人犯了錯誤，也不要斤斤計較，以免傷害彼此之間的感情。

現實生活中，我們交往的對象常常呈現四種形態：內方外方，內方外圓，內圓外圓，內圓外方。與不同形態的人物交往時，要用不同的相容之道。

1. 誠實委婉對待內方外方的人

內方外方的人，喜歡直來直往，不喜歡兜圈子。這種人稜角分明，最討厭陽奉陰違、謊話連篇的人，所以我們應該以誠待之，否則會引起對方反感。

另一方面，內方外方的人秉性剛直，有時會口無遮攔，這個時候，我們不妨轉移主題，或者幽上一默，讚揚一句，巧妙地加以引導；即使他們說話傷害到自己時，也不要發火。

有一位知名作家，是典型內方外方的人。

在作家事業如日中天的時候，一個年輕人寫給他一封信，要求和他合寫一部小說。

作家看完信後，對年輕人的大膽和不自量力有些生氣，回信說：「你怎麼會想要把一匹高貴的馬，和一頭卑賤的驢子套在同一輛車上呢？」

年輕人收到作家的回信，又回了一封信給作家：「尊敬的閣下，您真是太抬舉我了，竟然把我比作高貴的馬。」他在信中委婉地介紹了自己的寫作特長以及合作的利益。

作家看到回信，不禁啞然失笑，立即回信給年輕人：「我的朋友，你很有趣，請把文稿寄過來，我很樂意接受你的建議。」

2. 禮節周全地對待內方外圓的人。

內方外圓的人往往城府較深，處世圓滑謹慎，有原則，處事穩妥，在複雜的人際關係中，往往能夠遊刃有餘、八面玲瓏。

與這樣的人打交道，一方面要知禮數，這類人看起來容易相處，實際上他們最不喜歡不懂禮節以及心地不正的人，與他們相處，你必須表現出積極健康的心態；另一方面，要把握適度原則，相處時講究分寸，不要因為對方臉上掛著微笑就得寸進尺，忘乎所以。

3. 有原則地對待內圓外圓的人。

內圓外圓的人，一般比較自私自利，甚至會設計圈套陷害人。與此類人交往時，一定要把握原則，並暗示對方自己的誠信是在他講信用的基礎之上，以此來告誡對方，否則就不和對方打交道。

4.靈活對待內圓外方的人。

內圓外方的人，往往攻於心計，喜歡玩兩面手法，對我們來說具有欺惑性。對待這類人，我們應該學會靈活變通，透過對實際狀況進行分析，了解探尋其內心真正的想法，然後找出適合的方法，引導其走向正確的交往軌道。

人際交往的月暈效應

月暈效應最早是由美國心理學家愛德華・桑戴克提出的，他認為，人們對交往對象的認知和判斷，往往只從局部得出整體印象。

一個人如果被標明是好人，他就會被賦予一切都好的品質；如果一個人被標明是壞人，他就會被認為具有各種壞品質。

月暈效應不但表現在以貌取人上，還常表現在以服裝定地位、性格，以初次言談定人的才能與品德等方面，評價不太熟悉的人，這種效應尤其明顯。

有時候，月暈效應會對人際關係產生積極效應，比如你對人誠懇，那麼即使你能力較差，別人也會信任你的能力，因為對方只看見了你的誠懇。

3 平等互利是王道

所謂的友情，是平等的人之間撇開利害關係的交際。

——歌爾德・斯密斯

喬治・華盛頓還在擔任殖民地總司令的時候，某次他身穿一件大衣走出營房。路上的官兵都沒有認出他。走著走著，他看到一個上士雙手插在口袋裡，指揮士兵們將一塊巨石搬到一個特定的位置上。

「用力！用力！」

儘管士兵們使出了吃奶的力氣，石頭卻始終沒有移動，華盛頓搓了搓手，走過去開始一起使力，最後終於把巨石推到了指定的地點。士兵們轉過身，熱情地擁抱喬治・華盛頓，表示感謝。

喬治・華盛頓問那個上士：「你為什麼不上前幫忙呢？」

上士傲慢地說：「難道你看不出我是上士嗎？」

「這倒是事實。」喬治•華盛頓脫下大衣，露出軍銜，「我是上將，不過下次需要抬重物的時候，我還是可以幫忙。」

交際指南

現實社會中，儘管法律整天喊著人人平等，但實際上，人有財力貧富之別，職位高低之別，容貌美醜之別，有差別，就意味著不平等。

但是，從生命的角度來說，人是平等的，每一個生命都值得尊重。物質、財富上的差距，不必在意，更不必自卑，從這個角度來看，我們應該尊重並平等對待每一個人。

只有你平等地對待別人，別人才會同樣平等地對你，根據對方的社會和經濟地位，來區分交際態度的做法，是短視的、勢利的，俗話說十年河東十年河西，今天的下屬，明天可能會成為你的上司，今天的大富翁，明天可能會變成窮光蛋，只有用平等的眼光、真誠的心態去結交朋友，才會贏得更多的朋友。

我們應該如何處理人與人之間的關係？只要把握一個原則，就能以不變應萬變，這個原則就是我們前面所講的平等原則。

另外，人際交往中的互惠互利原則，從某種意義上來說，也是平等原則的一種延伸。無論交際的目的是出於何種，總要有付出和奉獻。對方的平等感獲得滿足後，也會把你想要的東西回饋給你，來而不往非禮也，一來一往，我們不僅收穫了利益，也收穫了友情。

由於受傳統觀念的影響，東方人在交往中是很忌諱談功利的。

事實上，人與人之間的交往需求，大致可以分為兩個層次：一個層次是以情感定向的人際交往，比如親情、友情、愛情；另一個層次是以功利定向的人際交往，也就是為實現某種功利目的而交往。

不管是感情還是功利，既然人際交往是為了滿足雙方各自的需求，那麼交往的延續就有一個必要的條件：交往雙方的需求和滿足，必須保持平等和平衡，否則人際交往就會中斷；也就是說，人際交往的發展要在雙方需求平衡、利益均等的條件下才能進行。

所以，我們不妨承認這個事實：互利，是人際交往的一個基本原則；既要感情又要功利，是人際交往的一個常規策略；而需求平衡、利益均等，是人際交往的一個必要條件。

人際交往的刻板印象

刻板印象，是指人們用自己對某一類人的固定印象，去判斷和評價另一個人的心理現象。例如提到法國人，很多人首先浮上腦海的就是浪漫。

人們不僅對曾經接觸過的人產生刻板印象；對從未直接接觸過的人，也會根據某些未必切實的間接資料產生刻板印象。

有時候，刻板印象在人際吸引中產生積極的作用，然而一般來說，它的消極作用更大，因為它的一概而論，大多與事實不符甚至完全相反，以錯誤的事實去處理人與人之間的關係，怎麼能不出問題？

那麼，我們應怎樣防止和克服刻板效應的消極影響？

✣ **防止簡單化**。凡事依據常理做一定的概括是必要的，但更重要的是，掌握全面的資訊，分析具體問題，留意個別差異。

✣ **克服群體感情**。群體感情容易走向極端，不是偏好就是偏壞；況且群體與其成員是有距離的，一概而論，絕對不可能符合實際狀況。

4 人際交往的保密原則

保守祕密時，祕密是忠僕；洩漏祕密時，祕密是禍主。

——阿拉伯諺語

國王懷疑王后與人有私情，就找到了王后的懺悔牧師內伯穆克，要他把王后懺悔的內容說出來。

內伯穆克嚴格恪守教規，拒絕了國王的要求。國王大發雷霆，於是讓士兵將內伯穆克從查理大橋上扔進了河裡。

就在內伯穆克沉入水中的那一剎那，五顆閃亮的星星出現在天上，似乎在為內伯穆克哀悼。

人們對內伯穆克的去世，感到非常難過，當地的教會稱內伯穆克為「聖約翰」，以此來稱頌紀念他對上帝的虔誠，他也因此成了捷克人眼中為了保守祕密而犧牲的英雄。

交際指南

在社會交往中，有的人無論是對自身的或是別人的祕密都疏於保密，認為不是什麼了不起的事情。不僅如此，很多人還以探聽別人隱私為樂趣，津津樂道別人不願談及的祕密，他們覺得，只有這樣才能算是真正的坦誠。

不可否認，坦誠是交際中的美德之一，但坦承不代表要把自己的內心世界完全打開給人看，每個人都有祕密，這是正常的，也是必要的。

什麼是祕密？

從辯證的角度看，祕密是相對的，當你把祕密告訴給別人，祕密就不再是祕密了。更別說第二個人告訴第三個人，第三個人告訴第四個人，如此下去，祕密就成了眾所皆知的新聞。

我們在初次見到一個人時，難免會說一些關於自己的事情，以為這樣才是真誠。在不了解對方的前提下，將自己的家底告訴人家，結果不久後，自己的祕密變成了別人茶餘飯後的談資，所以，在初交朋友時，一定要注意克制自己，冷靜保守祕密。

再比如，你對公司有種種抱怨，找不到發洩的對象，一時憋悶至極，遇到一個談得來的同事，便將對方視如知己，將平時對公司和同事的種種不滿，一股腦說給對方聽。痛快之後，問題很快接踵而來，所有人都知道了一切，這無疑是自斷前程。

有些人具有強烈的表現欲，他們既想說出心中的祕密來炫耀一番，卻不想讓太多的人知道，於是他們往往使事情變得欲蓋彌彰，最後祕密也不再是祕密了。

有的人喜歡把閒言閒語、蜚短流長當作祕密，每告訴一個人時都會說：「我只告訴你一個人，你千萬不要說出去！」熱中於這樣傳播祕密的人，一方面是在顯示自己消息靈通，另一方面也希望和別人拉近關係。但多半是費力不討好，而且一旦被別人當成八卦王，人際關係往往會走進死巷。

怎樣才能對應該保密的事情保密呢？

1. 克制自己的表現欲，謹言慎行。
2. 尊重自己的祕密，也尊重別人的祕密。
3. 婉言拒絕別人探聽祕密的要求。

美國總統羅斯福在做海軍部長助理時，他的一位好友前去看望他。聊天的時候，朋友問起海軍在加勒比海建立基地的事。

朋友嚴肅地問羅斯福：「我只要你告訴我，有關基地的傳聞是否確有其事？」

羅斯福看了看四周，壓低聲音問：「你能保證對這件事保密嗎？」

朋友連忙回答：「能！」

羅斯福點了點頭，說，「我也能。」

拒絕了朋友探聽祕密，又不會傷害到友情，相信這位朋友在想明白之後，會更加尊重羅斯福的為人。

4.不陷害、不誣陷、不誹謗、不揭短，不嫉妒。

另外，保守祕密，並不是把自己禁錮起來。商業機密、技術機密，那是真正的祕密，我們必須保密；生活、工作中的許多祕密，閒話、壞話，其實與祕密無關；而個人的感受、觀點，它們有正常的管道或方式抒發表達，其實也不算什麼祕密。把以上這些都分清楚了，我們心底就能坦然。

5 真誠是最好的橋樑

世間好看事盡有，好聽話極多，惟求一真字難得。

——申居鄖

三國時代，劉備聽說有個人叫諸葛亮，如果能得到他的幫助，就可以得到天下，立刻就帶著關羽、張飛前去拜訪。

劉備滿臉和藹地對書僮說：「漢左將軍宜城亭侯領豫州牧皇叔劉備，特來拜見諸葛先生。」

書僮抬頭看著劉備，說：「我聽不懂你在說什麼。」

劉備一愣，只好說：「我是劉備，來拜見先生。」

書僮這才告訴劉備諸葛先生外出，回來時間不確定。

過了幾天，劉備又去拜訪諸葛亮。雪下得很大，莽撞的張飛很不滿，對劉備說：「不過是個鄉下的讀書人，哥哥何必親自前去？我去把他抓過來就是了。」

劉備怒喝：「臥龍先生是當代的大學者，哪輪得到你造次！」

這一次依舊沒有見到諸葛亮，只見到了諸葛亮的弟弟諸葛均。諸葛均告訴劉備，哥哥去拜訪朋友了。劉備非常失望，只好留下一封信，表示自己希望得到諸葛亮的幫助，平定天下。

第三次，劉備選了個好日子，又來到了隆中。

這次諸葛亮在家，但他正在睡覺，劉備就在草廬外靜靜地站著；過了很久很久，諸葛亮才醒來，劉備便向他請教平定天下的辦法。

見到劉備有志替國家做事，態度真誠，諸葛亮決定全力幫劉備建功立業。

—交際指南—

真誠是人與人之間溝通的橋樑，也是每一個人在交往中渴望達到的境界，如果你經常覺得人情冷漠，自己沒有真心的朋友，問題很有可能是出在你身上。只有先展現真誠，才能感受到對方的真誠。

美國心理學家安德森做過一個調查。他選出五百個描寫個性的詞彙，讓所有參加的人各自選出自己喜歡的和厭惡的。

結果顯示，所有人都喜歡的八個形容詞中，有六個與真誠有關，它們分別是真誠、忠實、誠實、真實、信得過、可靠，而所有人都厭惡的詞彙則有三個：虛偽、虛假、不老實。

大多數人喜歡真誠，討厭虛偽；良好的交際源自於真誠，但我們要切記，真誠不代表口無遮攔，說話不經大腦。

我們該如何表現真誠？

第一，真心的真誠。

真誠不是口頭上的，是發自於內心的，從心裡流露出的真誠，自然會在言行舉止中表現出來。

第二，專注、柔和、微笑。

用專注而柔和的微笑直視對方的眼睛，但不要長時間盯著看。

第三，姿勢端正。

坐有坐相，站有站相，一個左右搖擺、肢體抖動，一副玩世不恭樣子的人，很難獲得別人的好感。

第四，語氣柔和。

說話不要太生硬，盡可能保持語氣柔和婉轉，用疑問句取代肯定句。

第五，學習正確的語言表達要素。

語調、語氣、語速，都會影響到說話的效果，針對不同的人，要適當調整以上要素。

第六，縮短握手的距離。

人們握手的時候，彼此的距離大約是三十到七十公分。試著把這個距離稍微拉近一點，也會拉近彼此之間的心理距離。

第七，用手勢配合語言。

研究發現，合理的肢體語言能夠協助語言的表達。在講話時，可以借助一些禮節性的手勢，來表達自己的真誠，往往會收到很好的效果，但是手勢應該柔和適度，不能過於生硬。

人際關係大師卡內基說過：「真誠就如同微笑一般簡單，如果你做了，你很快就能相信自己，而後由衷的真誠感覺將隨行動而至。」

埋下一粒真誠的種子，就是為自己的未來收穫豐碩的果實。

人際交往的「三A原則」

在人際交往中，盡可能去接受（Accept）、欣賞（Appreciate）、讚美（Admire）。美國學者布吉林認為，接受、欣賞、讚美，是滿足人們自尊心的基本原則，在人際交往中，很難被其他東西所替代。

國家圖書館出版品預行編目（CIP）資料

關係決定命運：別讓不好意思交際害了你／陳進成著 .--
第一版 . -- 臺北市：樂果文化出版：紅螞蟻圖書發行，
2016.02
面；　公分 . --（樂繽紛；32）
ISBN 978-986-92792-2-2(平裝)

1. 人際關係 2. 通俗作品

177.3　　105001491

樂繽紛 32
關係決定命運：別讓不好意思交際害了你

作　　者／陳進成
總 編 輯／陳秀雯
責任編輯／韓顯赫
行銷企劃／黃文秀
封面設計／張一心
內頁設計／菩薩蠻數位文化有限公司

出　　版／樂果文化事業有限公司
讀者服務專線／（02）2795-3656
劃撥帳號／50118837 號　樂果文化事業有限公司
印 刷 廠／卡樂彩色製版印刷有限公司
總 經 銷／紅螞蟻圖書有限公司
地　　址／台北市內湖區舊宗路二段 121 巷 19 號（紅螞蟻資訊大樓）
電話：（02）2795-3656
傳真：（02）2795-4100

2016 年 2 月第一版　定價／260 元　ISBN 978-986-92792-2-2